叶《かな》える力

自分が
願った通りの
人生を生きる!

穴口恵子
Keiko Anaguchi

きずな出版

はじめに

願ったことが、すべて願い通りに実現したら、素晴らしいと思いませんか？


「そんなことは、できるはずがない」

「夢なんて、叶《かな》わないから夢なんだ」

「他の人にはできても、自分には無理……」

そう思っているとしたら、それは間違いです。


あなたには、「叶える力」があります。

私たちは、誰もが、その力をもって生まれてきました。

でも、もしかしたら、その力の使い方を忘れているかもしれません。
この世に生まれてから、私たちは、さまざまな人に出会い、さまざまな経験をします。
その中で、いつのまにか、「叶える力」が弱まってしまうことがあります。

「夢なんて叶ったことがない」という人がいたら、「叶える力」が弱まっている可能性は100パーセントといっても過言ではありません。
反対に、最近なぜか、願ったことが叶うようになったという人がいたら、その力が強くなっている可能性があります。

「叶える力」には、レベルがあります。

それは、人によっても違うし、いろいろなレベルがあります。
この本では、「叶える力」を5つのレベルに分けて、お話ししていきたいと思います。
レベル1からレベル5まで、それぞれに叶え方があり、叶った後の現実があります。

はじめにお伝えしたいのは、レベル5が、必ずしもゴールではないということです。
極端なことをいえば、レベル1の「叶える力」だけで、今生は十分という方もいます。

あなたが望んだ通りにすることが「叶える力」です。
上をめざす必要はありません。
「叶える力」にも、あなた自身の人生にも、上も下もないからです。

ただし、覚悟は必要です。

「私の願いは、すべて叶う」

そう心に決めたら、本書を読み進めていただく準備ができました。
さあ、ページをめくっていきましょう。

■ 叶えたい夢は何ですか？

「人生は、あなたが願った通りになる」といっても、「信じられない」という人がほとんどでしょう。実際、思い通りにならないことはたくさんあります。

「思い通りにならないことばかり」という人もいるかもしれません。

もしも、そう感じているとしたら、自分自身に聴いてみてください。

「あなたは、どうしたいの？」

「あなたは、どうなりたいの？」

「叶える力」に必要なのは、自分の声を聴くことです。

子どもの頃から、親の期待に応《こた》えてきた人は、自分の声を聴くのを忘れがちです。

仕事をするようになって、会社や上司の期待に応えてきた人も同様です。

家庭をもって、いい妻、いい夫、いい親になろうと努力してきた人も、いつのまにか、自分の声を聴かなくなっていることがあります。

自分のことより、他の人のことを優先してきたからです。

人に尽くせる人は、素敵です。

けれども、そのために、自分をないがしろにしてしまっては本末転倒です。


あなたは、あなたの人生を生きるために、いま、ここに存在しています。

誰かの夢を生きるのではなく、自分の夢を生きるために存在しています。

まずは、そのことを思い出しましょう。

そうして、もう一度、自分に聴いてみてください。


「自分は、何がしたいのか?」

「自分は、どうありたいのか?」

その答えが、あなたの「夢」にも「目標」にもなります。

「したいこと」というのは、なにも大それたことでなくてもいいのです。

「うな丼が食べたい」

それでもよいのです。

そう思った途端に、「叶える力」にスイッチが入ります。

テレビをつけたら、うな丼のおいしい店が紹介されていたり、お昼に鰻《うなぎ》屋に誘われたり、ということが起きます。


自分自身がしたいこと――夢や目標、ミッションというものは、「これだ」と思った瞬間に、そこに存在します。

「これだ」と思うサインは、人によっては「心の声」と呼んだり、「直感」と呼んだりします。頭に浮かんだり、夢に見たりする人もいるかもしれません。

いろいろな受けとり方、感じ方がありますが、いずれにしても、自分の中から湧いてきたものが、そこにあるわけです。

そうして、自分が「これだ」と思ったときには、それはもう、すべて叶う、と決まっているのです。

たとえば私が、

「ディズニーランドを貸し切る」

と口に出した瞬間に、その世界は現実として存在するのです。

ところが、

「そんなことはできるわけがない」

と誰かが言ったとします。

誰が何を言おうと、私がそれを望んだ時点で「ディズニーランドを貸し切る」という世界は、もう現実にあるのです。

だから、自分でそれを否定する必要はないわけです。

自分の中にある「叶える力」を信じるだけでよいのですが、その自信がもてないと、「できるわけがない」という言葉を、そのまま取り込んでしまいます。

自分の願いが叶えられないとき、誰かに邪魔をされたと考えることがあります。

「あの人が、あんなことさえ言わなければ」

「あのとき、あんなことさえ起こらなければ」

と思いたくなりますが、誰が何を言おうが構《かま》うことなく、自分を信じるべきなのです。

自分の中に何が起こっているのか、何ができあがっているのか。

それをよく観察して、感じてあげることです。

そうすると、自分がしたいこと、願っていることのかたちが見えてきます。

「こんなふうになったらいいな」

ということがわかるのです。

■ 何ひとつ叶えられない人生などない

食事のレベルで見ても、

「今日はオムライスが食べられたら嬉しい」

と思ったら、オムライスのイメージが湧いてきます。

そのイメージから、できたての湯気《ゆげ》が出て、あのおいしい味が思い起こされるでしょう。

そうなったら、ランチに出かけても、オムライスのあるところに意識がいって、初めて入ったレストランでも、それをメニューに見つけることができるのです。

自分の望んだものを手に入れられるという法則に「引き寄せ」がありますが、それよりももっと、自分の思いを強く引きつけてくるのが、「叶える力」です。

自分に引き寄せるのではなく、自分のほうから見つけに行って、そこにフォーカスしていくわけです。


そう考えると、これまでの人生で、何も叶ったことがない、という人はいないのではないでしょうか。

幼いときに、欲しかったオモチャをクリスマスにプレゼントされたとか、誕生日に食べたかったケーキを買ってもらえたというような思い出があるとしたら、それは、願いが叶えられた経験があるということです。

「自分の願いは叶えられた」と認識することは、とても大切です。

叶っていることに気づいていない、ということが多いのです。

欲しかったオモチャをもらったことが、いつのまにか当たり前のように思って、じつは叶えられたことを忘れてしまうのです。

「自分の夢は何ひとつ叶えられない」という人は、叶っていないものだけを見て、自分でそう決めてしまうわけです。

ここで、改めて、「叶えられたこと」のリストをつくってみましょう。

「叶えられたこと」のリストは、以前「願っていたこと」をあげて、それにチェックを入れていきます。

□「ピアノを習いたい」

□「エジプトに行きたい」

□「恋人が欲しい」
□「結婚したい」
□「子どもが欲しい」
□「自分の家が欲しい」
□「本を出版したい」
□「ステージに立ちたい」
□「起業したい」
□「親に旅行をプレゼントしたい」

たとえば7歳のとき、15歳のとき、20歳のとき……その時々の自分が欲しかったもの、憧れていたことを振り返ってみると、その10年後、20年後には叶っていた、ということも多いのではないでしょうか。

過去に、叶ったものはゼロだという人はいないと思うのです。

そのことを、もう一度、原点に戻って見てみることが大切です。

■満ちている世界に存在する

「家があるのは当たり前」

「こんなマンションに住んでいるのは当たり前」

「お給料がこれだけもらえるようになったのは当たり前」

というように、「当たり前」になったときには、もう、それが叶ったことなのに、カウントしていないのです。


それは、自分に対して失礼なことをしています。


叶えられたのは、自分自身が、それを望み、求め、努力した結果です。

それを手に入れられたときの感動や喜び――満ちている世界を感じとっていただきたいのです。


その満ちている世界は、願っていたものが来たから満ちている、というわけではなく、もともと、自分の中で満ちているものがあったから、叶えられたともいえます。

もしかしたら、あなたのもとに来たものは、あなたが望んだ通りのものではなかったかもしれません。

たとえば、丸いテーブルを望んでいても、四角いテーブルしか手に入らないということもあります。でも、それはそれで、いまのタイミングには必要なもので、だからといって、丸いテーブルがこの先も届けられないとは限らないのです。


いまは何でもスピードアップして、叶えられる速度も上がっています。

欲しいものは、ネットショップに頼めば翌日届く時代です。

そして、ネットショップに頼んでいないものまで届くのが、この本でお伝えする「叶える力」のなせる業《わざ》です。


「叶える力」は、個人の願いに限ったものではありません。

家族や友人たちとのあいだでも、それを活用できます。

起業やプロジェクトでも、その力を借りられます。

私は、いまの会社を創業して25年になりますが、経営においても「叶える力」は私を大いに助けてくれました。ビジネスの場でこそ、「叶える力」はとても有効に、その力を発揮してくれるといっても過言ではありません。

ただ祈るだけでは、叶えられることは少ないかもしれません。

でも、「叶える力」を引き出すには、じつは祈ることさえ必要がないともいえるのです。

なぜなら、あなたが望むことはすべて叶う、と決まっているから。

そのことを思い出していただくために、この本を書こうと思いました。

穴口恵子

目次

［叶える力］レベル2　誰かと一緒に夢を叶える

［叶える力］レベル3
周囲を巻き込んで夢を叶える

「叶える力」レベル4 自分以外の人の夢を叶える

「叶える力」レベル5 世界が変わっていく

叶える力

自分が願った通りの人生を生きる!

この本で伝えたいこと――
［叶える力］には5つのレベルがある

［叶える力］には、レベルがあります。

それは人によって、あるいは、そのタイミングによってさまざまですが、本書では次の5つのレベルに分けて、お話ししていきます。

◎レベル1――自分自身の夢を叶える
◎レベル2――誰かと一緒に夢を叶える
◎レベル3――周囲を巻き込んで夢を叶える
◎レベル4――自分以外の人の夢を叶える
◎レベル5――世界が変わっていく

あなたは、いま、どのレベルにいるでしょうか？
そのことを見ていきましょう。

1から5までのレベルがありますが、そこに優劣はありません。

「はじめに」にも書きましたが、レベル1からスタートして、ゴールがレベル5になる、ということではない、ということです。

一つのルートとしては、それもあるかもしれませんが、そうでなければならないということはありません。レベル1の「叶える力」だけを使っていく人もいれば、レベル5だけの人もいるかもしれません。

じつは、すべての人が、もともと、レベル1から5までの「叶える力」をもっています。

私たちは、自分の「叶えたいこと」に合わせて、そのレベルを使い分けていきます。

自分の必要に応じて、それに合うレベルの力を活用できればいいわけです。

[叶える力]は、もともと誰にも備わっているものです。

でも、それを意識しないと、叶っていることに気づけないことが多いのです。
言い方を変えれば、[叶える力]は、それを意識しただけで、どんどん発動して、「叶うこと」が多くなります。

いま、あなたには、どんなことが叶い始めているでしょうか。
その叶っていることを、レベルで見ていくことができます。
あなたの願いや目標は、どのレベルで叶っているでしょうか。

あなたの[叶える力]に磨きをかけるには、自分の軸を定めることです。

自分の軸を定めるというのは、自分に必要なもの、自分が欲するものがわかっているということです。

そのためには、自分自身とのつながりを深めることです。
自分自身とのつながりを深めれば深めるほど、腹がすわって、自分軸が定まります。
「ここに存在している」という自覚が備わるわけです。

そうして、揺るぎない自分の潜在意識からの情報を吸い上げて、「叶える力」が発揮されていくのだと私は思っています。

それは、まるでポンプで井戸水をくみ上げるようなもので、あるところでポンと水があふれ出すように、夢や願いがどんどん叶っていきます。

その井戸水は尽きることがありません。自分でも気づいていなかった未知の可能性が、どんどん広がっていくのです。

まずは、自分の存在を意識すること。それが、「叶える力」のすべてのレベルの基本になります。

「私が、したいこと」
「私が、欲しいもの」
「私が、こうあってほしいと望むこと」

誰かにすすめられたこと、誰かがいいといったことなど、誰かの価値観で決めるのではなく、自分の価値観で決めることが大事なのです。

だから、レベル1の「自分自身の夢を叶える」が、まず最初にあります。

夢は、一人だけのものとは限りません。家庭でも職場でも、誰かと一緒に「それを成し遂げたい」ということがあります。それがレベル2になります。

そして、3人以上の人たちと叶えていくときには、レベル3の力が必要になります。

レベル4では、あなたの［叶える力］が、自分以外の人に影響していきます。

レベル5の［叶える力］は世界を変えていきます。「世界」とは「環境」「会社」「意識」「時代」という言葉にも置き換えることができます。


この本を読み進めていくときに、「どんな意識の状態でいればいいだろうか？」という思いが湧き上がってきたら、次のことを意識してみてください。


「信じる」

「嬉しい」

「楽しい」

「幸せ」

「ツイている」

「面白い」

「ときめく」

「大好きだな」

「気持ちいいな」

「心地いいな」

「腑《ふ》に落ちるな」

「叶える力」は、どのレベルにおいても一貫して、このような意識でつながっています。


さあ、あなたのやりたいこと、望むことは何ですか？

どのレベルを使っていきましょうか？

それぞれのレベルについて、詳しくお話ししていきましょう。

［叶える力］

レベル

1

自分自身の夢を叶える

自分を自由にするために必要なもの

いま、あなたがしたいことは何ですか?

「旅行に行きたい」でもいいし、「お菓子が食べたい」でも構いません。

なにか悩みを抱えていて、それを解決したいという人もいるかもしれません。

あるいは、なにか我慢していることがあるとしたら、そんな我慢をしないですむために必要なこと、というのもあります。

なにか不自由さを感じたら、自由になるための何か。それが、いまのあなたに必要なことだともいえます。

ある人にとっては、それは「テレビのリモコン」でした。

なぜか、朝からテレビのリモコンが見つからないのです。テレビはそれほど見ないそうなのですが、リモコンがないとなると気になって落ち着かなかったそうです。

ここにあるのが当たり前、というものが、ここにない、というのは、たしかに不自由です。その不自由さを解決するには、テレビのリモコンを見つけるしかありませんが、思いがけない人が、それを差し出してくれるかもしれません。

「リモコンなら、ここにあるよ」

何度探しても見つからなかったものが、ひょいと現れるのは、じつは「叶える力」のおかげです。あなたの不自由さを解決してくれたのです。

ものをなくしたり、壊れてしまったりしたときには、それがいまの自分にとって「必要なもの」だったと考えると、わかりやすいかもしれません。

そして、「叶える力」は、自分にとって必要なものである、と自覚することで、発揮されるのです。

「叶える力」というと、「ちゃんとした夢」や「明確な目標」でなければならないと思う人もいるかもしれません。もちろん、そうした夢や目標にも対応しますが、もっと身近な、日常のちょっとしたことにも使えるのが「叶える力」です。

「ランチにはオムライスが食べたい」
「新しいスマホケースが欲しい」
「映画に行きたい」
「○○さんと仲直りしたい」
「○○さんに会いたい」

などなど、自分がしたいと思うことを意識して、口に出してみましょう。

紙に書いてみるのもいいかもしれません。

そうすることで、自分の耳や目で「叶えたいこと」を確認するのです。

その確認が「叶える力」には、とても大切です。

私たちは、本当は「こうなったらいいな」と思うことがあっても、つい、そのままにしてしまいがちです。そのままにしても、テレビのリモコンは、いつのまにか見つかるでしょう。でも、「叶える力」に気づくことはできません。

それでは、「叶えられない世界」にいるばかりになってしまいます。

「叶える力」は使えば使うほど、磨かれていきます。

叶えたいことは、いくつあってもいいのです。

むしろ、多ければ多いほどいい、といえます。

頭に浮かんだこと、感じたこと、思いついたことを、「叶えたいこと」のリストに加えていきましょう。

□「○○さんから連絡がある！」
□「ピンクのシャツを買う！」
□「仕事でほめられる！」
□「ケーキバイキングに行く！」
□「契約を取る！」

叶ったものからチェックを入れていくと、それこそ、どんどん叶っていくことが自分でもわかります。叶うわけがないと思っていたことでも、本当に叶ってしまうのです。

誰かの価値観ではなく、自分の価値観で願う

「いま欲しいもの」「いましたいこと」を聴かれても答えられない、という人は案外、多いのです。

すでに満たされていて、これ以上に望むことはない、という人もいるかもしれませんが、たいていは、そうではありません。

したいこと、欲しいものがあっても、「どうせ自分には無理」だと思って、最初から期待しない。それが、いつのまにか当たり前になっている人がほとんどです。

また、自分の欲しいものがわからなくなっている人もいます。

自分にとって何がいいのか、何が必要なのか、ということがわからないのです。

「これがいい」と思っても、そのことに自信がもてないと、口にすることができません。

「自分はいいと思っても、他の人はそうは思わないかもしれない」「こんなものをいいなんて言ったら、レベルが低いと思われるんじゃないか」

そんなふうに考えてしまうのです。

何かを買う場合にも、自分が本当に欲しいものより、「人気があるから」「レビューがよかったから」「雑誌に載っていたから」などの理由で選んでしまいます。

誰かの価値観で判断するクセがついてしまっているのです。

私たちは、生まれたときから親に導かれてきました。学校を選んだのも、親だったかもしれません。自分で選んだという人でも、選んだ理由の一つに、「親がいいと言ったから」とか「親が喜んでくれそうだったから」ということがあるかもしれません。

いつのまにか、自分がそうしたいかどうかよりも、親や周囲の目といったものを基準に考えるクセがついてしまっていることがあるのです。


「叶える力」のレベル1は、「自分自身の夢を叶える」です。

自分自身が何を望んでいるか、ということが基本になります。

けれども、誰かの価値観で判断することに慣れてしまっていると、いつも自分自身のことは二の次になって、自分で自分のことがわからない、ということになりがちです。

自分のことより、自分以外の人を大切にすることは、とても素晴らしいことですが、自分にも優しくして、自分を優先してあげてください、と思うのです。

質問家のマツダミヒロさんは、「シャンパンタワーの法則」として、まず自分のグラスを満たすことで、他のグラスも満たされていくと言っておられますが、レベル1の「叶える力」も、まさにそれと同じだと思います。

誰かの価値観を参考にすることは構いませんが、それだけに重きを置いてしまうと、ちょっとうまくいかなくなっただけで、ブレてしまいます。もともと自分が心から望んで、強く欲したものではないのですから、ブレても当然といえます。

自分が本当に「そうしたい」と願うことに、「叶える力」は効果があります。
誰かから借りてきた望みでは、あなたの「叶える力」は働いてくれないのです。

なぜ、うまくいかないことばかり続くのか

自分の中の「叶える力」が信じられないというとき。

何をしてもうまくいかない、ということは、長い人生の一時期には必ずといってもいいほど、誰にもあるものです。

あなたが心から思い、願ったことはすべて叶います。

そう言われても、「信じられない」という気持ちはわかります。

でも、そんなときこそ、「叶える力」を信じていただきたいのです。

「あなたの望みは、すべて叶います」

それを信じたところで、いまの自分と向き合ってみましょう。

人生は願った通りになるものですが、それは、いいことばかりに働くわけではありません。起きてほしくないこと、経験したくないことも、あなたの思った通りに叶ってしまうのです。

「ディズニーランドを貸し切る」と言ったところで、誰かに「そんなことはできるはずがない」と言われて、その言葉を取り込んでしまえば、その言葉通りになります。

自分がしたいこと、望んでいることを、自分自身で否定してしまうのです。

そして、自分が否定した通りのことが起きていきます。

私のまわりには、自分の本を出版したいという夢を持っている人が少なくありません。私も、その一人でした。

その中で、実際に本を出版できる人もいれば、それがなかなか叶わない人もいます。

「本を出したい」と願いながら、それが叶わないという人は、じつは、「そんなことはできるわけがない」と思っているのではないでしょうか。

自分の本を出すには、いくつものチャンスに恵まれなければなりません。

編集者に出会う、ということも大きなチャンスです。

でも、編集者と出会ったからといって、本が出せるわけではありません。

その編集者さんに、「あなたの本を出したい」と言ってもらうのは、そうカンタンではないでしょう。

私のことでいえば、まさか自分の本を出せるようになるとは思っていませんでした。

そのときには、「本を出す」ということが、自分とはかけ離れた世界のことのように思っていたのです。

けれども、「自分の本が出せたらいいな」と思ったところから、「自分の本を出す」と決めた途端に、出版への道ができたように思います。

それは、もちろん、すぐにというわけにはいきませんでした。

レベル1の「叶える力」は、自分自身にフォーカスしたものなので、比較的早く、叶えられることが多いのですが、自分ひとりの力だけでは時間がかかることもあります。

本を出すというのは、それ自体に影響力があるので、すぐには叶えられないかもしれません。

それでも、まずは自分自身を信じることです。

「私には、それができる」

そう自分に言ってあげることです。

それによって、自分の本が出版されている世界が存在します。

自分の願いが叶えられた未来が、そこにあるのです。

いまは、編集者に知り合いもいない、企画も決まっていないという状態であったとしても、明日、運命の編集者に会わないとも限りません。

いいえ、たとえ明日ではなかったとしても、あなたは会うことになるのです。

なぜなら、もう「叶える力」が動き出しているからです。


「うまくいくわけがない」

そんな言葉は、あなたの世界から消してしまいましょう。

あなたが、本当にそれを望むなら、すべてはうまくいくはずです。

もう一つ加えるなら、いま、うまくいっていないことも、じつは、うまくいくために必要なことであるかもしれません。

「叶える力」は、それを願った当の本人が思った以上の効力をもたらします。

ある編集者さんに出会って、「この人こそ自分の運命を変えてくれる人だ」と思ったとします。相手も、原稿を気に入ってくれました。

ところが、会社の企画会議には通らず、その編集者さんとは、それきり会えなくなってしまいました。

けれども、数年後、別の編集者さんの手によって、出版が決まることがあるのです。

テーマや内容をあらためて見てみると、企画が進まなかった当時よりも、いまのタイミングのほうが、いい本になったということがあります。

つまり、数年前に企画が通らなかったことが、じつはよかったのだということがあるのです。

もしも、いま、うまくいかないことがあっても、がっかりする必要はありません。

いまはそのベストなタイミングではない、ということだと思って、「叶える力」を信じていきましょう。

うまくいっているのに楽しくないのはなぜか

「願った通りになっているのに楽しくない」

という人もいます。

傍《はた》から見れば、順風満帆《じゅんぷうまんぱん》。うまくいっていないことは何もない。

自分には「叶える力」が、たしかにあると思うけれど、では、それで幸せになっているかというと、「そうとは感じられない」という人たちです。

「叶える力」は、自分を自由にするためのものです。

叶うことで、自分が楽しくなったり、ラクになったりする。そのためにこそ、「叶える力」はあるのです。

願った通りになっているのに、楽しくないというときには、もう一度、自分がそれを本当に願っていたかを考えてみましょう。

自分が就《つ》きたかった仕事は何だったか。
自分がそれを願った理由は何だったか。
自分が行きたかった学校はどこだったか。
自分がつき合いたい人はどんな人だったか。
どんな職場を自分は求めていたのか。
旅行で行きたいところはどこだったか。
そこでしたいと思っていたことは何だったか。
自分が食べたいものは何だったか。
自分は誰と食べたかったか。
どんな家に住みたかったか。
家族や友達と、どんな関係でありたいか。

ここで大切なことは、誰でもない自分自身が、それを本当に望んでいたかを確かめることです。

もしかしたら、誰かを喜ばせたり、安心させたりするために、「こうするのがいい」と思って決めたことではなかったでしょうか。

あるいは、世間体とか、他の人たちにどう思われるかということを気にして、選択したものではなかったでしょうか。

それが悪い、ということでは決してありません。

人のためにしていたことが、いつのまにか自分の喜びになっていた、ということはよくあることです。それだから人生は面白いともいえます。

けれども、自分が楽しくないというのであれば、もう一度、「自分自身がしたかったこと」を思い出してみましょう。

「いまの状態も悪くない」

「今日までに起きたことは、いいことばかりだった」

それを認めたうえで、いまから「叶えたいこと」を書き出してみましょう。

前でもお話ししたように、「叶える力」は尽きることがありません。

「叶える力」は、何回でも使えます。
「叶える力」は、どんなことにも使えます。

そして、あなたは、それをもっと自分のために使ってよいのです。

楽しくないのは、いまを見直すサインともいえます。

人生は、楽しいことばかりではない、というのは、誰もが認めることでしょう。

だから、いまの自分が毎日の生活を100パーセント楽しめていないとしても、「人生なんて、そんなものでしょう」と考えてしまうかもしれません。

でも、それであきらめてしまうのは、あまりにももったいないと思いませんか。

人生は、もっと楽しくなる。

魂のステージが上がれば、そのことが理解できます。

「うまくいっていること」が多いのは、あなたの才能と努力の賜物《たまもの》です。

その才能を、自分を楽しませるためにも使っていきましょう。そのための努力もしていきましょう。

こんなふうにお伝えすると、「やっぱり努力はしなければならないのですか」という人がいます。

努力という言葉には、いろいろな重荷をつけているエネルギーがあるために、それを避けたい気持ちが生まれます。

そして人は、自分の望みが叶えられるというときに、それを簡単にあきらめてしまうのです。なぜ、あきらめてしまうかといえば、そこで努力が必要になるからです。

「やっぱり無理だ」

「これ以上、うまくいくはずがない」

と考えて、「叶える力」を手放してしまうわけです。

あなたに知ってほしいのは、努力するというのは、「苦労する」という意味ではないことです。

「努力する」というのは、「苦労すること」ではなく、「あきらめないこと」です。

レベル1の「叶える力」を本物にするには、あきらめないことが必要なのです。

満たされない気持ちがつくる世界

［叶える力］のレベル1は「自分自身の夢を叶える」ですが、それは、自分を楽しませるため、喜ばせるために発揮されます。

カンタンにいえば、自分が楽しくないことを、いくら叶えても自分の力にはならないのです。

人は満たされないから努力して、がんばるのだという考え方もありますが、私は、満たされていることでがんばれる、ということもあると思っています。そして、そのほうが、ずっと人生はラクに、楽しくなっていきます。

何を言っても、不満ばかりを口にする人がいます。

新しいシャツをほめられても、「でも、ボタンがとめにくいんです」。

旅行に行っても、「混んでいて疲れるばかりだった」。

仕事がうまくいっても、「この先はどうなるかわからない」。

いいことだと喜んだらバチが当たるとでも思っているかのように、ことごとくネガティブな言葉が返ってきます。

日本では長く、謙遜《けんそん》を美徳とする文化がありました。

手土産を持参したときに、「つまらないものですが」といって差し出すのは、その典型といってもいいでしょう。

でも、世界では通用しません。せっかくの手土産も、「つまらないもの」と差し出せば、「そんなつまらないものを持ってきたのか」と誤解を受けてしまいます。

人にほめられて、ついネガティブな言葉を返してしまうのは、もしかしたら謙遜しているのかもしれません。自分でも無意識のうちに、そうしていることもあります。

日本文化として残しておきたいものはたくさんありますが、自分や、自分のしていることを卑下《ひげ》するような謙遜の文化は、もうなくしてもいいのではないでしょうか。

少なくとも、「叶える力」を発揮するには、ネガティブな言葉や考え方は厳禁です。

ネガティブな言葉は、ネガティブな世界をつくり出します。

そこでは、誰も、あるいは何も、満たされることはありません。

そして、その満たされない気持ちは、不満となって、私たちの人生をつまらなくさせてしまうのです。


「新しいシャツを着たら、どこかに出かけたくなりました！」

「旅行に行ったら、地元の方に親切にしていただきました！」

「仕事がうまくいって、これからが楽しみです！」


こんなふうに言葉にするだけで、なんだかワクワクしてきませんか？

言葉を使って、あなたの意識の向く方向を変えたらいいのです。

この先にも、きっといいことがあると信じられます。


あなたの中の「叶える力」のエネルギーが、高まっていくのがわかるでしょう。

自分のしたいことにOKを出す

自分の夢について考えたときに、どこまで望んでいいのか、悩んでしまう人もいるかもしれません。

高望みしても、夢は本当に叶うのか、と疑ってしまう気持ちはわかります。

結論を先に言えば、高望みして、もちろんＯＫです。

むしろ、高望みしてください、と言いたいくらい。

他の人から見れば、「叶うはずがないと思えるようなこと」が叶っていくのが、「叶える力」です。

けれども、この章でも繰り返しお話ししてきたように、自分では「叶うはずがない」とは考えないことが、「叶える力」を成就させる秘訣です。

いまの自分には、それだけの才能も人脈もない。お金も時間も足りない。それでも、叶えたいことを、あきらめないことです。

自分にはできると信じて、「叶える力」を起動させると意識することが大切です。

「会社を起こす」という夢があるとき、それを人に言ったら、どんな言葉が返ってくるでしょうか。

「あなたには、それだけのリーダーシップがないんじゃない?」
「あなたには、そのための資金を用意するのは無理なんじゃない?」
「あなたには、それをするだけの経験が足りないんじゃない?」
「もしも、それができたとしても成功するはずがない!」

私が初めて起業したのは29歳のときでしたが、当時の自分に右の言葉を浴びせたら、すべてに「その通り!」と答えたかもしれません。

それでも会社はスタートして、今日まで続けてくることができました。会社を起こすということについては、レベル3、レベル4でお話ししたいと思いますが、レベル1の「自分自身」に焦点を当てて言うなら、**「叶える力」には、その人に対しての資格や条件は必要ないということです。**

会社を起こすのに、リーダーシップや経験、資金は、ないよりはあったほうがいいに決まっています。

でも、そんなものは、「叶える力」が発動すれば、必要なときに現れたり、身についたりしていくものです。

「会社を起こす」のに必要なものは、たとえ、いまは手にできていなくても、あなたの人生に用意されているのです。

あとで振り返ってみれば、

「あの人に会っていなければ、あの奇跡は起こらなかった」

「あのとき、あの失敗をしていなければ、あの奇跡は起こらなかった」

ということがあります。

人生に起こることは、すべて必然だといわれますが、あなたの願いが叶うときには、その必然が起きていくのです。

その中には、あなたが挫折《ざせつ》してしまいたくなるようなこともあるかもしれません。それでも、「自分のしたいこと」を信じて貫《つらぬ》けるかどうか、です。そして、行動に移すかです。

ただ、それを「試されている」なんて考えないでくださいね。

試されているのではなく、応援されている！

そう考えてください。

応援されているから、難しい問題も起こるのです。

あなたが、あとで困らないよう、あなたの「叶える力」がより強くなっていくように、それらは起きているのです。

だから、自分の人生を信じて乗り越えていきましょう。

高望み？　大いに結構！

どんな高望みも、それがあなたにとっての真実であるなら、いずれ叶う道が開けていくものです。

待つのではなく、自分から取りに行こう

あなたが望んだことは、すべて叶う。

とはいっても、ただ待っているだけでは、叶うものも叶いません。

どんなに素晴らしい人生が用意されていたとしても、自分で動かなければ、それを受けとることはできないのです。

「やっぱり、夢を叶えることは簡単じゃないのか」

とがっかりされたでしょうか。

夢は叶えることができます。とくにレベル1でできることは、比較的、すぐに叶うことが多いのです。

「オムライスを食べたい」というのは、30分もあれば叶うことかもしれません。

それでも、その「オムライスを食べたい」という願いでさえ、あなたが1ミリも動かずに叶えることはできません。

「叶える力」は、「叶えたいと思うこと」が叶うように働きます。

「オムライスを食べたい」と思ったら、たとえばテレビで、オムライスの名店を紹介していたりします。

あなたは、「このお店に行って、オムライスを食べよう」と思うわけです。

あるいは、久しぶりに友人からランチに誘われたりします。それで行ってみると、メニューにオムライスがあるのです。

あるいは、冷蔵庫を開けたら、卵と鶏肉を見つけて、「オムライスをつくってみよう」と思い立つかもしれません。

そんなふうにして、晴れて「オムライスを食べたい」という夢は叶えられるのです。

でも、こうして見てみると、あなたは気づくはずです。

どれも、あなたが動かないで叶えられることはありません。

テレビのスイッチを入れたのは、あなた。

その画面を見たのは、あなた。

ランチの誘いを受けたのは、あなた。

冷蔵庫のドアを開けたのもあなたなら、自分でつくってみようと思ったのも、他でもない、あなた自身です。

「叶える力」を使うには、自分が動くことです。

ときには、待っているだけでも叶えられるようなことも起きないとは限りませんが、それでは時間がかかったり、届けられているのに気づけなかったりということがあります。

卵も鶏肉もケチャップも、目の前の冷蔵庫にあるのに、そのドアを開かなければ、何も始まりません。

欲しいものは、自分から取りに行くことです。

どこに取りに行けばいいのかわからない、ということもあるでしょう。

その場合には、たとえば、誰かに告げてみます。ＳＮＳを使うのでもいいし、たまたま会った人に話してみるというのでもいいでしょう。

「オムライスが食べたい」とラインに打てば、「私も食べたい」と返事が来るかもしれません。

「どこにいく?」

「とりあえず、〇〇に集合」

となったら、もう、「オムライス」はすぐそこです。

こうしたタイミングというのは、じつは、それ自体が「叶える力」の効力であることも多いのです。

ふだんなら、そんな話はしない人と、たまたま話が出て、欲しいものの情報を得ることができたりします。あなたのなにげないSNSをたまたま見た人から、思いがけないメッセージが届くこともあります。

すべては、あなたの夢が叶うように動いているのです。

もしも、そうした動きを感じられたら、安心して、夢をつかみに行きましょう。

［叶える力］

レベル 2

誰かと一緒に夢を叶える

一緒になると嬉しいこと

レベル1の「叶える力」は、自分自身にフォーカスした、ベーシックなものであるのに対して、レベル2では、誰かと一緒に叶えたい夢に効力をもつものです。

たとえば、友達と話をしていて、「どこかに行きたいね」というところから、「1年後にハワイに一緒に行こう」となったとき。それを叶えるのが、レベル2になります。

ただ日程を決めるだけでなく、毎月1万円をお互いに貯めることにする。それを一緒に報告し合いながら、1年後のハワイを夢見るわけです。

自分の夢、したいことが実現するというのは嬉しいことですが、同じ思いの人と一つの願いを叶えることは、また別の喜びがあります。

学生時代の友人、趣味の仲間など、プライベートな関係において、一緒に夢を叶えていきます。叶ったときに、達成感や喜びをともに分かち合えるところが、レベル1との違いといってよいかもしれません。

一人で叶える夢も素敵ですが、二人で見る夢もまた楽しいものです。

二人だからこそ、できることがあります。

二人だからこそ、楽しみの幅が広がります。

ときにはかみ合わないことも起きるかもしれませんが、それも含めて、「叶える力」の効力ともいえます。

私たちは、生まれてから、まずは家庭で、そして学校で、社会で、自分以外の人とつながることで切磋琢磨《せっさたくま》して、成長してきました。自分では成長なんてしているふうに思えなくても、間違いなく、成長しているのです。

同じように、**レベル2の「叶える力」は、あなたを成長させてもくれるでしょう。**

自分ひとりでは見ることができなかった世界を見ることができます。

「叶える力」は、自分の世界を広げてくれます。

世界を広げるというのは、可能性を広げるということです。

誰かと一緒に夢を叶えることを楽しみましょう。

一緒に、ごはんを食べる。
一緒に、旅行に行く。
一緒に、料理をつくる。
一緒に、歌う。
一緒に、踊る。
一緒に、学ぶ。
一緒に、成長する。

嬉しいことを一緒に共有できる、というのがレベル2の「叶える力」です。

二つの想いが合致して叶う

どんなに仲がよい人でも、何でも同じということはありません。

旅行しようとしても、いざ行き先を決める段になったら、じつは行きたいところが違う、ということもあります。

逆にいえば、もしも「行きたいところ」が同じ人がいたら、それだけ縁のある人だということもできます。

「いつかフィレンツェに行くのが夢だった」

「バラを育ててみたいと思っていた」

「書道を習いたい」

「大学に入り直したい」

などなど、自分ひとりの夢であったものが、同じ思いの人と出会うことで、二人の夢になるわけです。

その人が現れることで、その夢が叶いやすくなるということもあります。

それこそがレベル2の効力です。

レベル2の［叶える力］は、二人の中で達成されるもので、それ以外の人たちに影響を及ぼすものではありません。もしも、そうした影響力をもつ場合には、レベル3、またはレベル4の範疇《はんちゅう》になります。

二人の中で成立する「夢の実現」は、二人だけを幸せにします。

二人だけがハッピーになればいい、というのは、自由な感じがしませんか？

自分たちだけがよければいい、というふうにとらえると、どこか利己的なイメージをもつ人もいるかもしれませんが、人生は本来、自分自身が楽しめていなければ意味がありません。自分が楽しいエネルギーに満ちていたら、自然に周りにも伝わっていきます。ですから、自分だけ、あるいは自分たちだけが楽しいというのは、じつはベストな夢の叶え方なのです。

そこに遠慮は必要ありません。

まずは、同じ思いの人と出会えたことに感謝しましょう。

私たちは、毎日、毎月、毎年、いろいろな人との出会いがあります。

だからといって、その出会った人たち全員とつき合っていくわけではありません。

たいていが一期一会《いちごいちえ》で終わるものです。

たとえ趣味や考え方が同じ人と出会ったとしても、そのことを知らないまま、通り過ぎていくことも多いでしょう。

「長いおつき合いの人でも、同じアーティストのファンだったということを知ったのは、つい最近です」というようなことがあります。

たまたま、その話題になって、わかることというのがあるわけです。

その意味で、一緒に「叶えたいこと」がある関係というのは、希少です。

希少な出会いを大切にしていきましょう。

もしかしたら、二人の夢は、レベル2にとどまることなく、レベル3、レベル4へと変わっていく可能性もあるかもしれません。

描いた夢が挫折してしまうとき

「叶える力」は、それを信じたところから発動するものだとお話ししてきました。

二人なら叶えられる、二人で叶えたい――そう思うだけで、願いが叶うように動いていくわけです。

でも、いつも、二人の思いが同じとは限りません。

二人の夢が叶えられないときには、じつは二人の思いが違っていることがあります。

「一緒に旅行に行こう」と決めても、それがなかなか実現できない、というような場合には、どちらかが、まだそのタイミングではない、ということがあるのです。

もしかしたら、相手の人は、それほど望んでいることではないのかもしれません。

でも、うまく断れなくて、話を合わせただけということもあります。

「それなら嘘じゃないか」

と、あなたは思うでしょうか。

私は、嘘ではないと思います。

ただ、優先順位が違うのです。

人には、それぞれ立場や事情があります。望んでいることでも、タイミングが合わないということもあるわけです。

それを責めても、しかたありません。

だから、焦《あせ》らないことです。

自分では、すぐに実現できると思っても、なかなか前に進まないときには、いまはそのタイミングではないのだと思いましょう。

レベル2の「叶える力」は、二人にとってのベストなタイミングで、それを叶えてくれます。

その時期を、自分の都合で考えてはイライラするばかりです。

それでは、願いが叶うどころか、二人の関係まで悪くなってしまうかもしれません。

自分以外の誰かと一緒に何かを始めるというときには、相手のペースに合わせることも大切です。

「叶える力」を使うときにも、それは同じです。

ある方の体験ですが、半年も前から決めていた旅行を目前にして、一緒に行く人から連絡があったそうです。ご家族が病気になって、旅行を取りやめたいというのです。

それならしかたがないと私は思うのですが、半年も前から決めて、ずっと楽しみにしていた、その方は「約束を破られた」と感じてしまいました。それだけ楽しみにしていたということですが、感情的になって、その後、相手の方と会うことはなくなったということでした。

頭ではわかること、第三者であれば理解できることも、当事者になれば、許せないとなってしまうことはあります。でも、とても残念なことですよね。

一時の感情で、せっかくのご縁や楽しみを手放してしまわないことです。

「叶える力」を信じて、たとえ延期になることがあっても、「そのとき」が来るのを待ってみましょう。

お互いのニーズが出会う瞬間

二人で叶えたいことは、それがお互いのニーズに合ったということもあります。

たとえば、作品をつくっていきたい人と、その作品を売りたい人。

どちらも、「この作品を素晴らしさを知ってほしい」という共通の認識がありますが、そのための役割が違うわけです。一方は、作品を創造していくことが得意で、もう一方は、それを売ることが得意であるというようように。

そして、**それぞれが、それをビジネスとして成功させせたいというニーズが生まれて合致したときに、レベル2の「叶える力」が動き始めるのです。**

どんなに素晴らしい作品も、それを市場に出してくれる人がいなければ、評価も受けず、埋もれてしまうでしょう。

売ることが得意な人も、自分が心から売りたいと思える商品、作品に出会えなければ、空《むな》しいビジネスを続けていくことになります。

つくる人と売る人がいて、その作品が世の中に広まっていくことができるのです。

農業で作物をつくる、というような場合にも、同じことがいえるかもしれません。

料理をつくりたい人と食べたい人、という関係もあるでしょう。

レベル2の「叶える力」は、どらかといえば、プライベートなものに効力がありま す。二人で始めたことが、世の中に広まっていくときには、レベル3、レベル4の「叶える力」が必要になります。

レベル2は、その前段階として、まずは二人で、喜びを分かち合うことで、願いは叶えられるのです。

だからといって、レベルが低いということではありません。

最初にお伝えしたように、レベル1~5で、その優劣はないのです。

「叶えたいこと」ができたときに、そこで、あなたが何を望むかです。

二人で「よかったねぇ」と喜ぶことができたら、それで大満足なのか。それよりも、その先の影響力をもたせることを期待するのか。

自分自身の、もともとのニーズはどこにあったのかを考えてみましょう。

私たちは、夢を大きくさせがちです。

前の章では、私は、高望みはしてもいいのだというお話をしました。

けれども、それは、あなたが望むなら、というのが前提です。

無理に高望みをしなければならないことはないし、夢もまた、無理に大きくする必要はないのです。

ある社長さんが、会社を上場させたとき、

「こんなことを自分はめざしたわけではなかった」

ということをつぶやかれたことがありました。

会社を起こして上場することは、素晴らしいことです。でも、それをすることで、窮屈《きゅうくつ》なこともあるのでしょう。もともと、家族のような社員たちが喜んでくれるだけでよかったのだと。夢が大きく育つことで、もとの夢とは違ってしまうということもあるのかもしれませんね。

日常的な小さな願いが叶っていく喜び

一日を振り返ってみたときに、「叶えられたこと」がどれだけあったかを数えてみるのは楽しい作業です。


「ひさしぶりに○○さんに会えた！」

「一日が予定通りに進んだ！」

「ほめられた！」

「ランチがおいしかった！」

「観たかった映画に行けた！」

「なにごともなく、無事にすごすことができた！」


こんなふうに一日を振り返ってみるわけです。

「それって、嬉しいことですけど、『叶えられたこと』になるんですか？」

と思われますか？

たしかに、特別に願っていたわけではないかもしれません。

「叶えたいこと」というと、強く「こうなりたい」「そうなってほしい」と思うことだけと考えてしまいがちです。

でも毎日、それほど強く願うことというのは、多くはないでしょう。

また強く願っていることというのは、それが叶うまでには時間がかかります。実際に叶うときには一瞬の出来事ともいえるのですが、その準備となる出会いや出来事を経《へ》なければならない、ということがあるのです。

けれども、前でもお話しした通り、「叶える力」は、いつでも何回でも、発揮します。

私たちが知らず識《し》らずに願っていたことも、叶えてくれるのです。

「ひさしぶりに○○さんに会えた！」のは、「○○さんに会いたい」という願いが叶えられたのです。

同じように、「一日が予定通りに進みますように」という想いが届けられて、予定通りに進むわけです。

「ほめられたい」という願いも、あなたが動いたことで、叶えられました。

こうして見ると、じつは、それが自分ひとりだけの願いとはいえない、ということにも気づくのではありませんか？

私たちは、自分ひとりで考えたり行動したりしているようでも、それが叶えられるときには、同じ思いの人が隣にいた、ということが少なくありません。

「○○さんと会えた」のは、○○さんのほうでも、そう思っていてくれたから、ではないでしょうか。

「ほめられたい」という願いが叶えられたのは、自分の思いとは別に、あなたがほめられるようにと思って指導してくれた上司や先輩の存在があったから、ということもいえます。その上司や先輩もまた、あなたと同じように願ってくれていたわけです。

これが、「叶える力」のレベル2です。

「ランチがおいしかった！」「観たかった映画に行けた！」というのも、誰かと一緒に、ということであれば、それもレベル2の範疇になります。

「なにごともなく、無事にすごすことができた！」のは、まさに、あなたの目の前にいる人のおかげではないでしょうか。

あなたの無事を心から願っている人。その存在が「叶える力」を発揮します。

幼い頃、私は祖母と一緒に暮らしていました。家族で旅行に出るときなどは、祖母が留守番になることもありました。

信心深い祖母は、

「元気で戻って来てな。ご先祖様と神様に祈っておくな」

と送り出してくれました。実際に、仏壇にお祈りしてくれていたのです。そうして戻ってくると、「おかげさまやな」と言って、また仏壇に手を合わせていました。

いまにして思えば、祖母の祈りによって「叶える力」が大いに発揮されていたのです。

祖母は、事あるごとに祈り、それが叶えられたことに感謝して、また祈るのでした。

私が今、スピリチュアルの世界を信じ、つながっている原点は、この祖母の影響が大きいと思っています。

いまも私の無事を心から願ってくれている一人に、母の存在があります。

一年の半分を海外ですごす娘を、母は案じながらも、信じて、私の無事を祈ってくれているのです。親とは有り難いものだとつくづく思うのですが、私もまた、息子のことを同じような気持ちで見守っています。

親子やきょうだいというのは、一緒に住んでいればもちろんのこと、たとえ離れていても、お互いの無事を願っているものなのですね。

そして、**その思いやる気持ちが、レベル2の「叶える力」にエネルギーを与えているといっても過言ではありません。**

毎日が無事にすぎていく、というのは、あまりにも当たり前で、「叶えられた」という実感は湧かないかもしれませんが、じつは、自分と、自分を大事に思ってくれている人の願いが「叶えられた結果」なのです。

そう考えると、なんでもない今日という日が喜びに満ちた一日であったことに気づくのではないでしょうか。

叶えられるという現実を体感する

「叶う」という言葉は、いろいろな言葉に置き換えられるのですが、その一つに「存在する」があります。

たとえば、「有名になりたい」と思っていたとします。

それが叶えられた、としたら、それは、「有名になった自分」が存在する、ということです。

願いの通りになった自分が「存在する」とわかったときに、「あ、自分の願いが叶えられる！」という現実を体感できるわけです。

そうなると、実際にはまだ叶えられていないとしても、ビジョンとしてイメージすることができ、それに必要な物資——それは人脈だったり、お金であったり、才能だったり、というものが、あなたの手のひらにグワーッと集まってくるのです。

ここでいう才能というのは、自分にだけあるものではなく、自分以外の人の才能も含まれます。

夢でも目標でも、それを自分ひとりで達成するというのは難しいものです。

だからこそ私たちは、「夢なんて叶うわけがない」「目標を達成するなんて無理だ」と考えてしまいがちです。

つまりは、「叶えられた自分」を想像することができない。そのために、「自分の存在」を意識できない、ということがあります。

自分の存在を意識できないと、自分の求めているものがわかりません。

とうぜん、叶えたいことも見つかりません。

まずは、自分を意識することです。

自分を意識する、というのは、自分のことがわかっている、ということです。

自己認識があることによって、「叶う力」「叶える力」が働き始めていきます。

自分の存在がここにあるということが認識できると、人と話をするように、自分と話すことができるようになります。

それは、ただ思考が浮かんできている状態ではなく、本当の対話になっていきます。

たとえば悲しいと感じたときに、

「そんなに悲しいんだね。

どうして、そんなに悲しいの？」

というふうに、自分に声をかけるのです。

友だちが悲しんでいたら、親身になって話を聴くでしょう。

親友に話をするように、自分自身に対しても、同じようにしてあげることが、何よりも大事なのです。

私は、頻繁《ひんぱん》に自分と対話することが習慣になっています。

対話すればするほど、自分が何を感じて、何を思っているのかがハッキリしていきます。

「いらないもの」「違うもの」もわかるようになります。

それらを認識して、表現できるようになっていきます。


よく、人見知りで、人と話すのが苦手だという人がいますが、そういう人ほど「叶

える力」がある、と私は思っています。

人と話ができなくてもいいのです。

むしろ、そのほうが自分との対話を深めていくことができるのではないでしょうか。

人の話ばかり聞いてしまうと、情報が多すぎて、自分では整理できなくなってしまうこともあります。いまは、それほど情報過多の時代といってもいいでしょう。

ところで私は、オンラインサロン「魔法大学」で副校長をしています。校長は櫻井秀勲《ひでのり》先生で、著作は200冊を超えています。櫻井先生は、他の著者や講師の方の講演会などには参加しないと聞いたことがあります。

先生曰《いわ》く、「いいお話をうかがってしまうと、頭に残って、いつのまにか自分が考えたように思ってしまうかもしれないから」とのことですが、他の人の話を聴かないというのは、情報に振りまわされないための、一つの手段と言えるかもしれません。

他の人の話を聴くより、自分自身と、もっともっと仲良しになって、対話することで見えてくるものがあるのです。

自分自身を知り、自分の理想を生きる

レベル2では、自分と、もう一人の相手と一緒に「叶える力」を発揮するわけですが、そうなると相手に合わせすぎて、自分のことがわからなくなったり、自分がもともと望んでいなかった方向に進んでしまったり、ということがあります。

それでは、たとえ叶えられたとしても、本当の喜びは得られません。

誰かと一緒に行動するときこそ、自分自身を認識することが必要になってきます。

ここであらためて、自分自身にフォーカスしてみましょう。

「あなたは、誰ですか？
あなたは、どうなればいいと思っていますか？」
自分との対話から、それを明らかにしていきましょう。

ここで少し、子どもの頃の自分について考えてみたいと思います。

あらためて振り返ってみると、子どもの頃には、私自身、自分のことを本当にわかっていたかというと、あまり記憶にない、というのが正直なところです。

でも、「知りたい」とは思っていました。

「私って、何なんだろう？　誰なんだろう？」ということに、とても興味がありました。

それというのも、人と関わる中で、他の人と自分は違う、という違和感を抱いていたからです。

たとえば、みんな学校に行ったら勉強するのが当たり前ですが、私は、どうして勉強しなければならないのかわからなかったのです。

「これをしなさい」と言われても、腑に落ちないことばかりでした。

学校は友だちに会いに行く場でもありますが、8歳になるまでは、そう思わなかったのです。

音楽や運動、お料理やお裁縫など、「楽しい」と思ってできたことは成績もよかったのですが、算数も国語も大嫌いでした。

自分が納得してできるかどうか、もう少し落とし込んで言うなら、そのことが楽しいか楽しくないかということが、私には大問題だったのです。

クラスには、素直に一生懸命、勉強している子たちがいるのに、なぜ自分は、その子たちと同じようにできないのか、ということに子どもなりに心を痛めていたわけです。

その違和感は、学校だけでなく、家でもありました。

大人がつくったルールに対して、「どうして、それがいいのかわからない」「全然いいと思わない」と感じていました。その意味で、私はいつも「反逆児」で、怒られてばかりいました。

「インディゴチルドレン（Indigo Children）」という言葉を聞いたことがありますか？

「インディゴ」は「藍色」で、「魂が藍色の子どもたち」という意味です。

心理学者ナンシー・アン・タッペが提唱した概念で、「社会の枠組を壊す使命」をもって生まれた子どもたちを指します。タッペは、「共感覚」という特殊な能力がありました。共感覚のある人には、ものや音に色が見えたり、かたちに味を感じたりします。タッペは、人を色で見分け、判断することができたといわれています。

そのタッペによれば、１９７０年代後半に生まれた子どもたちの多くが「藍色」の魂で、彼らは、生まれつき戦士のような性格が備わっているとされています。

私は世代は違うものの、このインディゴチルドレン的な資質をもっていたのではないかと思っています。

それはともかく、叶えられるときというのは、自分を自覚すること、自己認識があることが大切です。

自分が何者かを知り、いまここに存在していることを自覚できたとき、「叶えられた現実」を体感できるのです。

それがないと、自分の夢を叶えることはできません。自分以外の人たちの夢を叶えていくことになります。たとえば、親が願っていたことや、社会で、あるいは一般的に、理想とされているものを叶えようとしてしまうわけです。

けれども、社会的に理想とされているものが、必ずしも自分が叶えたいこととは限らないわけです。だから、たとえそれが叶えられたとしても、もともと自分が望んでいたことではないので、満たされないし、叶ったという実感も得られないのです。

願ったことが叶いやすくなる

お互いが、自分を知り、自分の叶えたいことを叶えることで、レベル2の「叶える力」は完了します。

そして、ともに「叶えられた喜び」を分かち合えるのです。

一緒に叶えることで、喜びが倍増したことに気づくのではないでしょうか。

また、自分ひとりでは叶えられなかった、ということもあるかもしれません。

二人がいることによって、その機会やチャンス、集まる才能も2倍になります。

それだけ、願いが叶いやすくなるということでもあります。

「叶える力」は、相乗効果で加速していきます。

ある願いは、Aさんと叶えられた、と思ったら、別の願いがBさんと叶えられ、さらに、

Cさんとの願いも叶うようになります。

これこそ、まさに引き寄せの法則で、同じような願いをもっている人と出会いやすくなり、その願いは叶えられやすくなるというわけです。

「あなたが望むことは、すべて叶う」と前でお話ししました。

そして、人と出会うことで、より叶いやすくなるのですが、現実には、もちろん叶わないこともあります。

そのときに、

「どうして叶わないんだろう」

と思って、自分ばかりが運が悪いと落ち込むことがあるかもしれません。

けれども、それはあなただけではありません。

私にも「叶わなかったこと」はあります。それも、数にしたら、決して少ないほうではなかったかもしれません。

「かもしれません」というのは、すぐに忘れて、よく覚えていないからです。

なぜ、すぐに忘れられるかといえば、「叶わなかったこと」というのは、結局は、すべての関わる存在や環境において、必要がなかったから起こらなかっただけ、と考えるからです。

叶わなかったのは、運がなかったからではなく、必要のないものだったからです。

「ご縁がなかったから」と考える人もいますが、私は、それは違うと思います。

ご縁があったから、思い浮かんだわけです。

けれども、「私がしなくてよいことだった」ということもあるのです。

もう20年以上前の、私がスピリチュアルなことを始めたばかりの頃のことですが、天使の絵を描いていたアーティストと、「エンジェルカード（天使を媒介《ばいかい》とするオラクルカード）」をつくろうという話が持ち上がりました。あるときパッとひらめいて、友人でもある、そのアーティストに声をかけたのです。

二人のあいだで話はどんどん進んで、海外で合宿もしました。それこそ楽しい作業でしたが、カードが5枚くらいできたところで、なぜか止まってしまったのです。

どちらかが、「完成させよう」とすれば、できないこともなかったかもしれませんが、お互いにそれをしないまま、数年がたちました。

そうして、ある日、ドリーン・バーチューのエンジェルカードが発売されたことを知ります。いまでは、エンジェルカードといえば、たくさんの種類が出ていますが、そのパイオニアがドリーン・バーチューだったわけです。

私たちのカードが出ていれば世界初のエンジェルカードになっていたわけで、そのカードを見たときには、「私たちが出したかった」という想いが嫉妬や憤《いきどお》りというような反応になることもあったかもしれません。

けれども、私は、そうはなりませんでした。

ここにある世界というのは、自分の中にだけ浮かんでいるものではなく、じつは多くの人と共有しています。あるいは、少なくとも一部は、共有している部分があります。

「それをすることが、自分にではなく、その人にこそ必要なことだったんだ」と思いました。そして、その広がり具合を見たときに、「そのほうがよかった」と本当に思えたのです。

実際、ドリーン・バーチューがそれを出したことから、カードカルチャーができあがっていきました。それこそ、彼女のおかげです。

その当時は、まだ書店にオラクルカードが置かれることはなかった時代で、スピリチュアルな業界でも、その出版は画期的なことだったのです。

そう考えると、エンジェルカードがある世界は、やはり存在したということが、あとでわかります。

でも、私の役割ではなかったから、中断してしまったのでしょう。その役割を果たす人は、別にいたわけです。

「叶える力」は、私たちが個人レベルで考えるよりも、はるかに大きく高い視点で、その力を発揮している、ともいえます。

やろうとしていることは、たとえ自分では叶えられなくても、誰かが叶えてくれるものであり、そのために自分のしたこともまた、無駄だったということではないのです。

それを経たからこそ、気づけたり、のちに別の役割を果たす際に役立つことにもなるわけです。

二十数年前のことを振り返っても、私は、その通りだったと思えるのです。

［叶える力］

レベル

3

周囲を巻き込んで夢を叶える

自分でも気づかないうちに始まっていく

一人で叶えられる夢もあれば、二人だからこそ、叶えられる夢があります。

そのときに発揮されるのが、レベル1とレベル2の「叶える力」でした。

ここからはレベル3の「叶える力」について見ていきましょう。

夢や目標を立てたときに、時間を経たことで、またはその夢が発展したことで、大きく育っていることがあります。

自分だけ、自分たち二人だけが満たされるものから、それ以上の人たちを巻き込むかたちになったとき、レベル3の「叶える力」が必要になるわけです。

人が動くとき、必ず周囲に影響を与えます。

そうすることによって、ときには迷惑をかけることもあれば、喜びをもたらすこともあります。その両方ということもあるでしょう。

レベル3の「叶える力」は、それが発動することによって、第三者が喜び始めます。

たとえば、私が19歳のとき。「留学したい！」という夢を叶えたときのことを例にお話ししたいと思います。

前でも少し書いたように、子どもの頃の私は、勉強が嫌いでした。ことに数学や国語、英語などの受験に必要な科目には、まったく興味がもてなかったのです。

短大に行っても、それは変わらず、結局、私は中退してしまいました。

短大に進んだのは、母が望んだからです。私の母は、私がお金の苦労をしなくてもよいようにと、私を裕福な男性と結婚させたいと考えていました。母にとっての「短大卒」は、そのための「条件の一つ」のようなもので、それを中退するというのは、いまになって思うと、娘として、とんでもなく親不孝なことをしてしまいました。

母は、せめて社会人としてのマナーを身につけさせたいと考えて、こんどは自分の友人が経営している人材育成の会社に私を就職させました。

このあたりから、私の運命は変わっていくことになりますが、ほどなくして、私は外資系の会社にスカウトされ、転職します。

本社からイギリス人の役員が、私の職場にもやってきましたが、当時の私は、英語をまったく話せなかったのです。

私が本社の人と話すときには、上司のオジサンが通訳をしてくれました。当時の私は、その状況にショックを受け、なんとしてでも英語を勉強したい、流暢《りゅうちょう》に話せるようになりたいと強く願ったのです。

私は、母にそのことを伝えました。

勉強嫌いな私が、「英語を勉強したい」と言うなんて、母は心の底からびっくりしたようで、半信半疑ながら、英語学校に行くことを許してくれました。

でも、私の夢はさらに広がって、英語の勉強のために、大学に行きたいと願うようになりました。

短大さえやめてしまった娘が、こんどは大学に行き直したいと言うなんて、「おまえ、何が起きたんや」と、母に真顔で訊《き》かれたときにはちょっと引いてしまいましたが、私の気持ちは変わりません。

私は自分が英語ができなかったので、私のような子どもでも英語ができるようになる教育を受けられる仕組みをつくりたい、と考えたのです。それにはアメリカの大学に行って、専門的な知識を身につけたい。それが私の夢になりました。

「アメリカの大学！」

昭和一桁《けた》世代の母にとっては、それはあまりに無謀《むぼう》な夢で、「そんなところに行けるわけがない」と思ったようです。

けれども、私のまわりには留学を経験した友人がたくさんいました。

だから私としては、それほど特別なこととは思わず、友人たちも、「次は恵子ちゃんの番や」と言って応援してくれました。

晴れて私は、留学する運びとなり、そのことを母をはじめ、家族や親戚までもが、「穴口家で留学するのは、恵子が初めてだ」と言って、喜んで送り出してくれました。

そして、この留学から私の運命は大きく動いていきました。

もしも留学していなかったら、いまの私は存在していなかったともいえます。

でも、私は、存在していたのです。

だから夢は叶えられ、また次の夢が生まれていく。いまの会社を起こしてからの約25年は、とくに、その連続だったような気がします。

それが私の運命であり、決まっていたことだったようにも思います。

余談ながら、私が幼い頃、祖母のところに占い師の女性が、ときどき遊びに来ていました。私を見て、「この子はお金に困らない」と祖母に話していたのを、いまも覚えています。そして、その言葉通り、私は、同世代の女性と比べれば、お金に恵まれた人生だと思っています。

母は、私がお金に困らないよう、私を短大に入れましたが、それは挫折しても、母の願いは結局は、叶えられたわけです。

「叶える力」は、母も私も気づかないうちに動き始めて、その力を発揮してくれたのでしょう。そうして今、「このルートでよかったんだ」と、いまさらながらにわかるのです。

あなたの「叶える力」も、じつはもう、動き始めているのかもしれません。

[叶える力]の影響力について

一つの夢が、他の人に伝染していくことがあります。

いちばん身近な例をあげるなら、それは「家族」です。

たとえば、「留学したい」という私の夢を、最初に応援してくれたのは母でした。前にも書いたように、最初は娘の言うことを半信半疑に聴いていた母ですが、母の存在は私にとって一番の理解者であり、応援者ですが、いつのまにか、母にとっても、私は一つの夢の存在になっていたのかもしれません。

私が夢を叶えるたびに、母もまた、自分の夢として、それを叶えたわけです。

パートナーを応援するというときにも、同じような気持ちになるのではないでしょうか。

私の友人は、起業した夫をずっと支えてきました。

自分では、べつに起業したいと思っていたわけではなかったのです。

でも、そういう人と夫婦になって、彼のあとについていくうちに、いつのまにか彼と一緒に歩んでいくことになるわけです。

会社の経営は、いいときばかりではありません。もしかしたら、もうダメだと思うようなこともあったかもしれません。

逆に、すごい仕事を受けて、ドキドキしたり、その成功に心からの喜びを感じたりということもあります。

それこそ、夢の成り行きに一喜一憂《いっきいちゆう》の日々だったかもしれません。

それをいちばん間近に見ているわけですが、見ているだけでなく、いつのまにか、そこに一緒に存在していたことに、ある日、気づくわけです。

そう、パートナーの夢が、自分の夢になっていたのです。

「叶える力」が働くときには、こうした夢の伝染が頻繁《ひんぱん》に起きるようになります。

「でも、それはあくまでもパートナーの夢で、自分の夢とは言えないのではないでしょうか。ただ、夫のあとをついていくだけの人生なんて、つまらないですよね？」

ときには、こんな悩みを抱えてしまうこともあります。

私はこれを「自我の目覚め」と呼んでいるのですが、誰かの夢を支えてきた人が、自分自身の夢をもちたい、それを叶えたいと思うのは、それもまた宇宙の法則です。

新入社員は、いつまでも新人ではないのです。

仕事にも慣れ、自分なりの人脈もでき、新しい仕事に挑戦してみたくなるわけです。

ときに上司や会社のやり方に反発することもあります。

新しい世界に旅立っていくこともあります。

だからといって、これまでを全否定することはないわけです。

むしろ、これまでの経験があるからこそ、これからのことに役立てることがあります。

誰かの夢を自分の夢のように叶えてきたことは、素晴らしい経験です。

まずは、それを否定しないことです。

そして、これが大切なことですが、夢は一つしかもてないわけではありません。

「叶える力」は、いつでも何回でも使えると、前でお話ししましたが、「夢」や「願い」も同様です。

一つの夢が叶えられたら、また次の夢に向かっていいのです。

自分の夢を生きたいというのは、「そのときが来た」ということです。

こんどは、パートナーのほうが、あなたの夢を支えてくれるかもしれません。

この世の中には、たくさんの夢や希望であふれています。

それを叶えるべく、いろいろな人が動いています。

そう考えると、いま、ここに自分が存在していることが楽しくなってくるのではありませんか?


夢が生まれるとき、「叶える力」が動き始めます。


「叶える力」はとても働き者で、疲れることがありません。

あなたがどんなにたくさんの夢を描いても、きっと応援してくれるでしょう。

さあ、どんどん、夢を伝染させていきましょう。

誰かのためになっていたこと

自分のしたことが、思いがけず、自分とは関係のない人に喜んでもらえることがあります。その人や周囲の人たちのことを考えていたわけではなく、自分のためにしていたことが、他人様の役に立っていた、というようなことです。

たとえば、自分の家の玄関まわりをきれいにして、花を植えておく。前を通ったときに、季節の花が咲いているというのは、嬉しいものです。

あくまでも、自分の家の玄関だから、それをしているわけですが、たまたま通りかかった人に、「いつも、きれいですね」と声をかけられたりします。

「お宅の前を通るのが楽しみなんですよ」などといわれると、そんなふうに思ってもらえていたのかと、その日一日、自分が何か報われたような気持ちになります。

「玄関をきれいにしたい」「気持ちよく暮らしたい」という願いが叶えられているわけですが、それが**自分の知らない人の「楽しみになる」「役に立つ」というのも「叶える力」なのです。**

たとえ声を直接かけられるようなことはなくても、じつは、そんなふうに思われていることというのはあるものです。

私たちは、自分では意識していなくても、たまたま自分がしたことが、誰かを幸せにしたり、楽しませていたりするわけです。

いいえ、そういうことがある、というより、この世の中にあるものは、すべて、誰かのおかげで、そこに存在する、といったほうが正しいでしょう。

毎日食べているお米や野菜も、誰かが育ててくれたものです。

電車が滞《とどこお》りなく運行しているのも、誰かが点検してくれているからです。

電気がついたり、お水が水道から出たりするのも、誰かの仕事のおかげなのです。

直接、会ったり、お礼を言ったりする機会は、ほとんどないかもしれません。

その人は、ただ自分の仕事として、それをしているだけかもしれません。

それでも、どこかで誰かが、それによって助けられ、喜びを感じているかもしれないのです。

「叶える力」は、かたちとして見えることは、ほとんどありません。

でも、それは、思いがけず、広く、大きな範囲で、その効果をもたらします。

「人に喜んでもらえた！」ということがあったら、それはすべて、「叶える力」の賜物です。

あなたがしていることが、応援されている証なのです。

そのことに自信をもちましょう。

「叶える力」を発動する許可を、自分に与えましょう。

それを自覚することで、あなたの「叶える力」に磨きがかかっていきます。

エネルギーを満タンにしておく

「叶える力」を、怖がらないでください。

人は、夢が叶うことを望みながら、そうなることを恐れてしまうことがあります。
「うまくいったら、どうしよう?」と思うわけです。
変化に対して警戒するのは、人間の本能です。
たとえ、それがよい変化であっても、心の奥では、それを拒否してしまうのです。
けれども、怖がらなくても大丈夫です。
だから日常的に、自分のことをどんどん叶えていきましょう。
それをすることで、叶える筋肉が鍛《きた》えられます。
どんな変化も前向きに受けとめられるようになります。

自分のことを叶えていけばいくほど、「叶える力」のエネルギーは蓄《たくわ》えられていきます。

「叶えられる自分自身」を見ることで、喜びを感じ、ワクワクします。

そうやってエネルギーを満タンにしておく。それを忘れないことが大事なのです。

満タンになっているからこそ、見える世界があります。

ことに、レベル3以上の「叶える力」は、自分以外を巻き込んでいくものです。

自分のエネルギーが空っぽでは、「叶える力」を発揮することができません。

「知らないうちに、人の期待に応えることばかり上手になってしまった」

という人は、案外、多いのです。

それは、ふだんからがんばっている人です。一生懸命に勉強し、働いてきた人です。

けれども自分は、まったく満ちていないのです。

それでは、どこかで無理が出ます。

まずは、自分を満タンにすること。それを覚えると、いままでよりも、もっとカンタンに、もっと自然に、期待される以上のことを、じつは叶えていることがあります。

人は、生まれて来てからは親の期待に応え、家族をもったら夫や妻の期待に応え、会社では上司の期待に応えて、そうして、いろいろな人の期待に応えているうちに、知らず識らず、自分を見失ってしまうのです。

自分のことなのに、自分がわからなくなるのです。

期待に応えるため、人に認められるために、好きではないことをして、ときには、間違っていると思うことさえしなければならない。それを強《し》いられるような毎日をすごしてしまうわけです。これが他人軸で生き、いつのまにか自分軸から外れてしまっている、という状況です。

そうして、本来、自分を満タンにするべきところを全部、外に与えてしまうのです。

自分にそれを取り戻すには、自分を知り、腹が決まっている強い自分の存在を認識することです。自分軸を取り戻すことが大事です。

それが「叶える力」のエネルギーとなっていきます。

信頼できる関係が夢のステージを上げる

夢を叶えよう、目標を達成しようとするとき、自分の力でなんとかしようとがんばってしまうことがあります。もちろん、そういう気持ちもとても大事なのですが、一人でできることには限界があります。

ときには、誰かに頼ってみる。それが「叶える力」をより大きく動かすときには、必要なことだと思うのです。

ある女性は、とてもがんばりやさんで、彼女と仕事をすると、その速さ、細やかさに感動すら覚えてしまいます。自分の会社を起こしても、仕事は途絶えることなく、私は十数年のおつき合いですが、「この人は休んでいるときがあるのだろうか」と思うほど、いつも忙しそうでした。

ところが、ある日、その女性は倒れてしまい、入院することになりました。幸い、命に別状はなかったものの、しばらく休養することを余儀なくされたのです。

「入院する事態になっても、誰にも頼りたくないと思って、一人で準備して、救急車も自分で呼びました」

ということでしたが、いろいろ聴いてみると、自分でそんなことができるような状態ではなかったようで、救急車に乗った途端に、彼女は気を失ってしまったそうです。

「結局は、その後、いろんな人を頼ることになったんですが……。頼ってみて初めて、自分が頼りがいのある人たちに囲まれていたことに気づきました」

いまは元気になった彼女の言葉です。

本書の「はじめに」で、努力することは大切だとお話ししました。

なにか成し遂げたいことがあるときに、それに力を注ぐのは楽しいことだし、それだけの力があるということでもあります。

人に迷惑をかけたくないという気持ちは、まわりの人たちへの配慮であり、やさしさですが、ともすると、相手を信頼できていないとも言えるかもしれません。

「信頼」は、文字通り、信じて頼ることです。

「叶える力」が働くとき、「信頼」もまた、一つの大切な要素になります。

「頼れない」というのは、自分の思い込みかもしれません。

彼女は、入院したことによって、そのことを学んだのです。

「頼ってみたら、ちゃんと受けとめて助けてくれた」

その確認ができたところで、彼女は、その信頼できた人たちとともに、次のステージにいくのかもしれません。

信頼は、相手があってのことです。

「この人なら信頼できる」という気持ちに、「この人に信頼されたい」という気持ちで応えて、成り立つものです。

誰かのためにこそ、引き出される力というものがあります。

頼ることで成長できる人がいる一方で、頼られたことで成長できる人がいます。

その関係が「叶える力」をパワーアップさせ、次のステージへと導くのです。

いつのまにか叶えたい夢が変わる

人との出会いで人生は変わるものですが、人と関わることで、もともと叶えたいと思っていたことが、いつのまにか変わっていた、という経験はありませんか。

私が抱いていた「留学したい」という夢も、もとは「英語を話せるようになりたい」と思っていたのが、そのためには「アメリカで勉強したい」と考えるようになったわけです。

そう考えるようになったのは、周囲に留学した経験のある友人たちがいたからです。

その人たちの存在が、私に「留学への夢」を抱かせ、実現させる一つの助けになりました。

当時は、まだ海外に行くというのは、いまほど身近なことではありませんでした。

円は安く、飛行機代は高く、留学にはとてもお金がかかりました。

ひとり暮らしの経験もない自分に、海外で暮らすことができるのか、不安を感じなかったといえば嘘になりますが、それよりも私はワクワク、期待や希望のほうが上まわっていました。


一つの夢が叶うと、人は欲張りになります。

さらにその上をめざすようになるのです。

「叶える力」は、その変化にも対応します。


夢は、自分の知っていることでしか描くことができません。

「象」を見たことがなければ、それを夢で見ることはないでしょう。

留学した人が身近にいたことで、私は「留学」についての情報や知識を、知らず識らずのうちに取り入れ、自分の夢として描けたわけです。

さらなる夢を描くには、人と関わることがいちばん近道といえるかもしれません。

人と出会い、その人たちに自分の夢を語ってみると、

「それなら、こんなことをしてみるのも面白いかもしれないよ」

「それなら、こんなところに行ってみてはどうだろう」

というような話を聴けることがあります。

そうして、夢がふくらんでいくのです。

「もともとの夢からは、だいぶ変わってしまった」

ということも起きるかもしれませんが、それでもいいのです。

むしろ、その新たな夢こそが、あなたの使命といえるものだったのかもしれません。

夢に変更は付き物です。

予定通りにいかなくてもいいし、かたちを変えてもいいのです。

その変化を楽しんでいきましょう。

思ってもいなかった夢にチャレンジできる

夢が変化していくことを、夢の成長と考えてみましょう。

もしかしたら、最初に思っていたよりも難しいこともあるかもしれません。

でも、それこそがチャレンジです。

[叶える力]が鍛えられたことで、夢が成長するということもあります。

たとえば、以前であれば、自分にはとてもできそうにないことが、「できるかもしれない」「やってみようか」という気持ちになることがあります。

自分ひとりではできなくても、他の人の助けを借りてできることもあります。

それこそがレベル3の[叶える力]です。

この本の最初で、[叶える力]に磨きをかけるには、自分の軸を定めることだとお話ししましたが、それには自己認識がとても大事なのです。

自己認識すると、自分軸が育つといっても過言ではありません。

レベル1やレベル2の「叶える力」では、もともと自分自身に比重がかかっているので、それほど、自分を意識する必要はありません。

けれども、自分以外の人を巻き込むようになると、それだけ、その人たちの考えや情報に影響を受けるので、自分の軸がわからなくなってしまうことがあります。

そうしたときには、あらためて、自分の声を聴くようにしましょう。

たとえ同じ夢を描く仲間であっても、何もかもが同じということにはなりません。それぞれが自分の経験や知識から、自分の考えを出してくるわけです。

そのときに、何もかもに〇Ｋしなくてもいいのです。

逆に、何もかもに反対する必要もありません。

自分の意見を通すことより、いちばんいいと思えるかたちで「叶えること」を優先していくことです。

いろいろな意見や考えを聴いたときに、自分はどうであるかということを、自分がまず理解して、伝えることです。それができていると、「自分」に対して、というより「叶えたいこと」に対して、深い確信がもてるようになります。

それが、自信になります。

「叶える力」はレベルが上がるほど、自分軸をもって、確固たる自信が必要です。

「こうなっていたらいいなと思う世界」

――自信とは、その世界の存在を信じることです。

その自信がもてたら、「叶える力」がだいぶ育ってきた、と自分でも感じるようになるでしょう。

そう、自分には「叶える力」があることを自覚できるのです。

こうなると、そんなあなたに、協力者が現れます。

あなたの自信が、相手に伝わって、

「この人なら、叶えられそう」

「この人なら、きっとできる」

「この人と一緒に、自分も叶えたい」

という人たちが増えていくのです。
スピリチュアル的に言うなら、宇宙のエネルギーが、そこに集まっていきます。
協力する人でなかったとしても、
「この人の言う通りになる可能性がある」
というふうに感じてもらえたりするのです。
ここまで来たら、「叶える力」レベル4に進むときです。

［叶える力］

レベル

4

自分以外の人の夢を叶える

誰かのために力になれる喜び

アメリカの大学に留学して4年、大学を卒業する年を迎えても、私はもう少し、アメリカでの勉強を続けたいなと思っていました。

でも、留学はお金がかかります。親にできるだけ負担をかけない方法はないかと思って調べてみると、日本語のアシスタント講師になって大学に通うプログラムがありました。

それに願書を出して受かれば、授業料は免除で、さらにお給料ももらえるのです。

そのお給料で、食費などはまかなうことができました。親には、部屋代だけは出してもらわなければなりませんでしたが、あと2年、私は大学に残れることになりました。

またしても私の願いは叶えられたわけですが、ここから［叶える力］レベル4が動き出しました。

私は自分ができることとして、いまの自分の体験を、ほかの人たちにも知らせようと思ったのです。

具体的には、大学を卒業して、アメリカの大学院に留学したいという人たちに向けて、その入学方法や、授業料が免除になる方法を伝える説明会を開いたのです。

それをすることで、自分とはまったく関係のない誰かが喜んでくれるわけです。

喜ばれるだけでなく、それによって大学院に進むことができた人たちが、その後それぞれの分野で活躍されることを思えば、当時の私は、そこまで考えていたわけではありませんでしたが、自分が思っている以上の貢献ができたのかもしれません。

私の［叶える力］が、私だけでなく、周りにまで役立ったわけです。

このように、自分に起きた［叶える力］が、まわりにも影響を与えていくのが、レベル4の［叶える力］です。

［叶える力］は、自分のために発揮されるだけでなく、他者にも広がっていくことがありますが、そうなると、願いはさらに叶いやすくなります。

私たちは、生まれる前から自分の役割を決めて、この世に来ました。レベル4と5の［叶える力」が働くときには、その使命を果たしていることが少なくありません。いえ、少なくないどころか、それを叶えるために生まれてきたといってもいいほどです。

レベルが上がっていくと、それを叶えるのは難しいように思われるかもしれませんが、そうとは限りません。

最初は難しいことがあっても、それを乗り越えると、あとは「自分では何もしていないのに」と思えるほど、次々に叶えられるようになります。

影響を与える人が多ければ多いほど、それが加速していきます。

そのような状態を実感できたら、

「いま自分がしていることは間違っていない」

「これが私の使命の一つだ」

と思ってよいでしょう。

その世界が存在することを、周囲のみならず、宇宙の法則によって応援されているのです。そう考えると、自分のしていることに自信がもてます。

また、自分だけのためと考えると、「べつにやらなくてもいいか」と先延ばしにしてしまうようなことでも、誰かの役に立つ、誰かの力になれると思うと、それをしやすくなるということがあります。

たとえばレストランで、注文したものと違うものが運ばれたとき、自分のものであれば、そのまま〇Kにしても、友人のものだったときには、友人のかわりにいえる、ということはないでしょうか。

そういうタイプの人は、レベル4の「叶える力」が高いかもしれません。

自分よりも、人のために考え、行動できる人です。

京セラの名誉会長である稲盛和夫さんは、その著書『心。』で、「利他の心」の大切さを説かれています。

「利他の心」とは、「他人に利益となるように図ること」「自分のことよりも他人の幸福を願うこと」です。

稲盛さんは、その利他の心で判断すると、まわりの人みんなが協力してくれる、といわれています。これこそ、「叶える力」レベル4に通じる考え方です。

夢の種はまかれて、それぞれの場所で育つ

「叶える力」は、一つのところにとどまっていません。

といっても、あなたから離れていくという意味ではありません。

「叶える力」は、いつも、あなたとともにあり、あなたの行くところにあります。

あなたの夢が広がっていくとき、あなたが行くところ、出会う人に、その種がまかれます。そうして、その夢の種が芽を出すとき、「叶える力」がそれを育てるのです。

私が、留学生のために開いた説明会を例にすれば、それによって、

「私も留学したい」

「大学院に進みたい」

「アメリカでの生活を続けたい」

という夢が、その留学生たちに宿るかもしれません。

このときの説明会が、「夢の種まき」になるわけです。

説明会は一期一会で終わったとしても、私の「アメリカで勉強を続けたい人を応援する」という夢は叶えられ、それによって、さまざまな可能性を広げていくことになります。

それが、「叶える力」レベル4の働き方といえます。

種をまいた人の思惑とは関係なく、というより、たいていは、その思惑よりもはるかに高い視点で、まかれた種は育つのです。

その説明会に出たのは、たまたまの偶然だったかもしれません。

それほど、「アメリカに残りたい」「大学院に行きたい」と思っていたわけではなかったかもしれません。

それでも、「そういう方法もあるのか」ということを知ったおかげで、人生が変わることがあります。

ある人は、アメリカに残ったことで、生涯の伴侶《はんりょ》に出会ったかもしれません。

ある人は、アメリカの企業に就職することを選択したかもしれません。

ある人は、帰国して、アメリカでの経験を伝えていくことを決意したかもしれません。

ある人は、それまで思っていなかったビジネスを起《た》ち上げたかもしれません。

夢の種は、同じ花を咲かせ、同じ実を結ぶとは限りません。

むしろ、そこで咲く花は、みんな違うといっても過言ではありません。

結ぶ実もまた、それぞれです。

けれども、どの種にも、のちに、「あのことがなければ、いまの人生はなかった」と思えるような展開になる可能性があります。

あなたにも、似たような経験があるのではないでしょうか。

人生で起こることは、すべて必然であるという考え方があります。

ふだんの自分なら、とてもできそうにないことができたとき、というのは、それがあなたの運命であり、使命であるからです。

そこには必ず、「叶える力」が働いています。

運命によって導かれる道

レベル4とレベル5の「叶える力」で叶う夢や願いは、その人の運命や使命である、といってもよいものです。そうなることが、生まれる前から決まっていた、ということです。

ところで、私はつねづね、「スピリアルライフ」を提唱しています。

「スピリアルライフ」とは、「スピリチュアル（目に見えない世界）」と「リアル（現実）」を統合して、日々の生活の中で実践するもので、それを通して、誰もが無限の可能性を開き、人生のバランスをとりながら幸せで豊かに生きることができるのです。

私がスピリチュアルの道に進んだのは、信仰心の厚かった祖母の影響が大きいと思います。前にも書いた通り、祖母は日常の中で宗教を実践していたような人で、何かにつけて祈り、「おかげさまの世界」に感謝していました。私は祖母の背中に負われながら、ものごころがつくかつかないうちから、それを聴いて育ったわけです。

いまにして思えば、それがスピリチュアル体験の最初でした。

そして幼稚園のときに、マリア様に出会うのです。

私はカトリックの幼稚園に通っていたのですが、ある日のことです。お昼寝の時間になっても眠れなかった私は、なぜか一人で、幼稚園の2階にあったマリア様の立像のある部屋に行きました。

ほかの子どもたちは静かに眠っていました。先生たちもスーッといなくなっていて、そのときは、自分だけがそこにいるのです。

私は光のようなものを感じて、その立像を見ると、私がマリア様に抱かれて寝ているのです。慈愛の世界に包まれて、とても心地よく、私はなぜか、「これが真実だ」とわかっていました。光に包まれながら、その光に自分がとけ込んで、自分自身がここにいることを感じたのです。

そんな体験はあったものの、子どもですから、それはそれだけのことで、長いあいだ忘れていました。

それが20歳の頃、初めてハワイに行ったときにチャネラーに会う機会がありました。

そして、そのチャネラーにマリア様が降りてきて、

「久しぶりです。私たちはもう、すでに出会いましたよね」

と言われたときに、あの幼稚園でのことが映像となってポンと私の前に表れて、私は自然に、「そうでしたね」とマリア様に答えたのでした。

チャネラーなど、霊能者というと何か怪《あや》しげで、おどろおどろしいことを言われるんじゃないかと思われがちですが、私はそういうタイプの人には会ったことがありません。

また、自分の前世について教えられたこともありますが、そういうことを自分から求めたこともなく、たまたま周りの人たちに連れて行ってもらったところで、それを知る、というようなことが多かったです。

ちなみに、私の前世は関所近くのお茶屋の娘で、とても忙しくて、いつも動きまわって、じっとしていることがなかったと教えられました。

私は今、講演やリトリートで日本の全国各地、世界の各地を行き来して、まさに、じっとしていることがありませんが、それが苦にならないのは、前世からの性分だからなのか

もしれません。

それはともかくとして、こうした体験はすべて、いまの自分に通じていると思うのですが、それこそが私の運命であり、使命だったからではないでしょうか。

でも、それはいま思うことで、スピリチュアルとリアルを別々に考えていた頃の私は、スピリチュアルは、あくまでも「趣味」の一つでした。

それが、いつのまにかリアルにつながっていくわけですが、そうなった経緯には、メンターたちの存在がありました。

お名前をあげさせていただけば、シーラ・ラムゼイ先生、吉川宗男先生、ジャネット・ベネット先生です。いずれも、異文化コミュニケーションの専門家です。

スピリチュアル的に出会ったのは、シャクティ・ガワイン先生です。1週間のワークショップに参加したのが始まりでした。

シャクティ・ガワイン先生は、「クリエイティブ・ビジュアライゼーション」——誘導瞑《めい》想《そう》の先駆者で、「自分の内側にこそ真実がある」ということで、徹底的に、内側の自分の声を聴くというトレーニングを受けたのです。

それによって私は、自分自身の存在を受け入れられるようになっていきます。

それまでも否定していたわけではありませんでしたが、どこか、人とは違うという違和感をもっていたのです。

異文化コミュニケーションを学んでいくうちに、意識の世界にたどり着いたわけです。

「意識って何なんだろう」

「意識が目覚めるとどうなるんだろう」

そう考えるようになって、スピリチュアルの世界に走っていくことになりました。

それを突き詰めて、哲学や量子力学の話を聴きに行ったりしたのが、私の20代だといっても過言ではありません。

もともとは、異文化コミュニケーションのコンサルタントの仕事に、どう役立つのかというところから入ったのですが、いつのまにか、それがスピリチュアルと結びついてしまったというわけです。こうして私は、自分の運命を歩き出したのだと思います。

いつでも自分のひらめきを信じて

留学して大学院を卒業した私は、そのままアメリカで就職することになりました。ワシントン大学の日本語学部の講師となったのです。

でも、それが自分の一生の仕事には思えず、日本に帰国してコンサル会社で働くことになりました。

自分の専門である異文化コミュニケーション学を生かして、マルチカルチャーの中で仕事をすることができたのは、幸せだったと思います。

お給料も、けっして悪くない。いえ当時の同世代の女性としては、傍から見れば、うらやましがられるような環境で働けていたのです。

けれども私は、くすぶるような感じを抱いていたのです。

私はいつでも、自分のひらめきを信じてきました。勉強ができなかった子ども時代でも、直感が強いことだけには自信がありました。

一つのことを考えると、いくつものひらめきが表れるのです。

そのコンサル会社で働いていたときも、

「こんなプロジェクトを進められませんか」

「こんなふうに取り組むことはできませんか」

と企画を提案するのですが、どれもこれも、ことごとく駄目を出されるのです。

会社というのは、社員の一人ひとりが、ある部分を請《う》け負って仕事をするわけで、私の提案は、自分の領分をはみ出してばかりいたと、いまならわかります。

でも、当時の私にはわからなかったし、「ここにいてはいけない」と思うまで、それほど時間はかかりませんでした。

結局、そこでは2年ほど勤めて、私は自分の会社を起こすことにしたわけです。

「いつか起業したい」「社長になりたい」いう夢をもつ人は少なくありませんが、私は、それをめざしていたわけではありませんでした。

むしろ、そんなことはまったく考えてもみませんでした。

けれども、会社員として働いたことで、それには収まらない自分を知り、受け入れざるを得なくなりました。企画を出しても採用されないことで、「だったら自分でやるしかない」と思ったのです。

いまにして思えば、私には、その案が実現された世界の存在が見えていたのかもしれません。つまりは、「叶える力」が働いていたのでしょう。

そうして起業し、勤めていた会社と改めて契約を結んで、いくつものプロジェクトを任されることになりました。

そこでの仕事が私に潤《うるお》いをもたらします。気持ちがわき立って、充実感を得られたのです。それは気持ちだけでなく、経済的にも潤うようになっていきました。

振動数を感じながら行動できる

ここで当時の自分を俯瞰《ふかん》してみるならば、必ずしも私は、会社を起こさなければ成り立たないんだ、と思ったわけではありませんでした。

思い立ったら自分でやるんだ、と考えて、まずは企画を提出したわけですが、会社のルールでは、私がそれをするのは難しかったのです。

だからといって、私はそれをあきらめることができませんでした。前にも書いた通り、それができると楽しいと思える世界があることを、無意識にわかっていたからでしょう。

その会社でやってきたことが基本にありましたが、私は、さらにもっと上まで「できるんじゃないか」ということを、「できる！」に換えて行動に移したわけです。

「叶える力」には、「振動数」というものがあります。

「振動数」とは、「単位時間内に繰り返される振動の回数」のことですが、自分の中のワクワクや情熱に触れると、からだの芯がブルブル震えるような感覚があります。

その振動数が高ければ高いほど、「叶える力」も高まっていきます。

ある人に出会ったとき、あるプロジェクトがスタートしたとき、自分の振動数にそって行動していけば、それが「叶うこと」がわかるはずです。

高い振動数を感じながら行動できることは、あなたの使命につながっています。

この世に生まれてきた役割を果たすのですが、それは必ず、誰か、自分以外の人の役に立っています。

自分のためにしていたことでも、知らず識らず、誰かの夢を叶えるお手伝いをしているのです。

逆にいえば、誰かのためにもならない「使命」というのは、じつは存在しないといってもいいほどです。

「叶える力」のレベル4は「自分以外の人の夢を叶える」です。

そういうと、

「自分の夢さえ叶えられないのに、人の夢まで面倒見きれません」

と思う人がいるかもしれません。

でも、そんなに難しく考えなくてよいのです。

自分の夢を追っていただけなのに、それが、いつのまにか誰かの助けになっていたというのが、レベル4の「叶える力」です。

あなた自身は、そのためにしているつもりはないのに、そうなってしまう、ということが起きてきます。

あなたは、これまで通り、あなたの道を進んでいくだけでよいのです。

キーパーソンになる役割と恩恵

「自分以外の人の夢を叶える」というのは、自分が誰かのキーパーソンになるということです。

キーパーソンというと、「重要人物」「鍵を握る人」というふうに訳されますが、「きっかけをつくる人」という意味もあります。

夢を叶えるというのは、無限の可能性を開くことです。

その夢の扉の鍵を開ける人が、キーパーソンです。

夢の扉を開けるなんて、考えただけでワクワクしてきませんか？

私たちは、自分の夢の扉を開くことができますが、自分以外の人の夢の扉もまた開く役割を担《にな》うことがあるのです。

意識して、それをすることもあれば、自分では、そうとは知らずに、その役割を果たしていることがあります。

レベル4の「叶える力」が働くとき、その役割を、数え切れないほどに果たす機会が訪れます。

中国の哲学書『淮南子《えなんじ》』には、「陰徳あれば必ず陽報あり」という言葉があります。「人知れずよいことを行う者には、必ず目に見えてよいことが返ってくる」という意味ですが、「叶える力」には、人知れずどころか、自分も知らずによいことをして、その恩恵を受ける、という仕組みができているのです。

自分自身の願いが、まずは叶えられるのも、その恩恵の一つです。

あなたに与えられる恩恵は、あなたの周囲にもあります。

自分にいいことが起き出すと、自分の周りにも、いいことが起き始めるのです。

逆に、いいことが起きている人のそばにいると、自分にまで、いいことが起きるようになります。

レベル4の「叶える力」には、「いいこと」が連鎖《れんさ》していく相乗効果があるのです。

いくつもの夢が同時に叶っていく

「ダイナビジョン」という会社を起こして、まもなく25年になります。

社長としての私は、この会社をこれからどうしたいのか、どうしていくのかを考えていないということはありませんが、私の思いとは別に、会社そのものに軸があって、結局はそれがこれからの行き先を決めていくのだと思います。

私が創業したわけですから、最初はもちろん私の思いがいちばん強いものだったと思うのですが、「叶える力」によって、それは育てられ、いまがあるのです。

「ダイナビジョン」は、自分のものでありながら、別の人格をもった存在になったのです。

これは、子どもに対して親が抱くような感覚に近いのかもしれません。

会社ですから、いろいろな問題や課題が生まれます。

そんなとき私は、「ダイナビジョンさん」と呼びかけます。

「あなたは、どうしたいの？」

「これから、どうなっていくの？」

ということを聴いてみるのです。

ダイナビジョンには「ダイナビジョン・スピリット」がありますが、これは私の会社に限らず、どの会社にもあるものだと思います。

人に魂があるのと同じように、社長や社員が意識しているしていないにかかわらず、会社にも「魂」があるのです。

「魂」とは「ミッション」——使命、役割です。

その会社のビジョン（理念）、バリュー（価値）、行動規範になっているものです。

「ダイナビジョン」と私との関係性において、うまく共同創造していくとき、「叶えたいことはどこにあるか」を考えます。

そうすると、もはや私個人のものでないことに気づくわけです。

そして、いつのまにか、「ダイナビジョン」という、この理念に沿ったものができあがってくるのです。

前で自分と対話することが大事だとお話ししましたが、「会社」とも対話することです。

そこには意識が育っています。

そう、「ダイナビジョンさん」という一人の人（有機体）になっているのです。

その人が生まれたときに、どう生きるか、どれぐらいの長さを生きるか、ということが決められています。

私は、この会社を起こすときに、何世代も続いている会社の映像が見えたのです。

なぜかといえば、この会社は、人には無限の可能性があることを知らしめるために生まれたからです。

時代は変わっていきます。ときには激変する時代を体験することもあるでしょう。

そこにビジョンを掲《かか》げ、普遍的な生き方を提案し、次世代につなげていく。それがダイナビジョンがしていくことです。

私という存在が、たまたま創始者になりましたが、ダイナビジョンさんと組むことで、私の無限の可能性が開かれて、いまここに私は存在しています。

そして、そこにはスタッフたち、チームメンバーがいます。

彼らもまた、それぞれにダイナビジョンに関わり、いくつものプロジェクトを進めていきます。

そう、いつのまにか、夢はいくつもの数に増え、それぞれに「叶える力」が働いていくのです。

叶っていくものは叶っていきます。

叶うスピードもどんどんと上がっていきます。

いくつもの夢が同時に叶えられるということが、自然に起こっていくのです。

「ダイナビジョン」というのは、無限の可能性を開くというミッションをもっているので、その時代ごとに、やっていることが変わるということはあるかもしれません。

人々が必要とするものによって、それは変わるのです。

いまは「スピリアル」でも、そのうちにリアルだけになることもないとはいえません。

それまではしっくりできていたことが、いつのまにか、それと自分とのあいだに隔《へだ》たりができていたということもあります。

そのときには、そこから離れてもいいのです。

自分がしていることにズレを感じていたら、それは、あなたのやることではない、ということです。

あなたが離れても、それをする人がいます。

しがらみがあるとしたら、それから自由になりましょう。

夢は、誰をもしばらないのです。

そうでなければ、「叶える力」も働かないのです。

［叶える力］

レベル 5

世界が変わっていく

叶うはずがないことが叶い始める

「X　JAPANのYOSHIKIさんと、こんどデートする！」

と私が言ったとしたら、あなたはどう思うでしょうか？

「夢の世界でなら叶うかもしれませんね」

「夢をもつのは悪いことじゃないですよね」

と優しく答えてくれるかもしれませんが、心の中では、

「そんなことは無理に決まっている！」

と思って、笑ってごまかす、というのが大抵の人の正直な反応ではないでしょうか。

たしかに、芸能人やアーティストなど、世界的に著名な方とつながるというのは、その人に関わるような仕事をしているならともかく、そう簡単なことではありません。

でも、じつは私は、そんな夢を実現させたことがあります。

それは、やはりかなり著名なアーティストだったのですが、数ヶ月後に、私はイギリスでポロの大会を観戦できるチケットを手に入れていました。

チケットは2枚。とても貴重なプレミアムチケットです。

誰と一緒に行くかは、まだ決めていませんでした。

けれども、ある食事会でおしゃべりしていたとき、たまたま、そのアーティストの名前が出たのです。

その瞬間、私の中で、「叶える力」の振動数が大きく振れたのです。

未来の私が、いまの私の隣に来て、「叶えたからね」と伝えに来てくれた……と思えるほどの感覚をもったのでした。

「わかった、あとは私が動くだけでいいんだ」

と納得したら、実行するだけです。

私には、からだがあるし、言葉にもできます。

まずは、そのアーティストの知り合いが近くにいないか、自分自身を検索しました。

そうして出てきたのが、音楽業界にいた方です。すでに引退されていますが、そのアーティストの20年前を知っていると聞いたことがありました。

それで連絡をとってみたのですが、

「いまはつき合いがなくなっているから、連絡しても無視されてしまうと思う」

というのです。

「そんなものかもしれないな」と思っていたところ、

「でも、そういえば誰でも入れるネットのクラブのようなものを主催していたかも？」

その登録費は８４３円。私はすぐに入会しましたが、それから1週間後、緊急で１００人限定の記者会見が開かれることになり、それに参加することができました。

「これで、つながれる！」

と思いましたが、実物は見られたものの、質問も自己紹介もできず、会見はサッと終わってしまいました。

それで、私はそのことをＳＮＳでつぶやいたのです。

「生の姿は見られたけど、誘えなかった！」

すると、それを見た友人からメッセージが届きました。

「私、あの方と恵子さんをつなげられると思います」

［叶える力］はあるとわかっていても、やはり、そのときはびっくりしました。

その友人から連絡をもらったのは、6年ぶりくらいだったのです。彼女は1年くらい病気で療養していたこともあって、SNSも休眠状態でした。

それが、たまたま久しぶりに開いたら、私の書き込みを見つけたというのです。

「じつは、そのアーティストとつながっている方と明後日会うのですが、そのとき、来られますか?」と、連絡してくれたのでした。

なんとしてでも行きたいと思いましたが、その日は海外にいて、どうしても都合がつきません。

それで、「1ヶ月後のこの日はどうですか? よろしかったら、その方と3人でお食事するのはどうでしょう?」と返信しました。

そして、1ヶ月後。食事会をアレンジしていただいて、そのアーティストと親しい方に、私の考えをお伝えすることができました。

ここで改めて説明するなら、じつは私は、そのアーティストのファンというわけではありません。お名前は知っていましたが、曲を聴いていたわけでもありません。

それなのに、なぜ、そのアーティストをポロに誘おうと思ったのかといえば、私なりの理由があったのです。

そもそも、そのポロのチケットは、ある慈善活動の一環として、私が落札したものでした。開催地はイギリスで、エリザベス女王も観戦することになっていました。

そのアーティストが慈善活動に積極的に取り組んでいること、まだそのポロ観戦を体験していないことを私は知っていたので、「彼にぜひ、楽しんでいただきたい」と思っていることを、食事会の席で説明したのです。

すると、その方は、

「それなら、きっと参加したいと思うに決まっているから、すぐに連絡してみますよ」

と、その場でショートメールを送ってくれました。

そして翌朝。私のケータイに、そのアーティストのケータイ番号が届いていたというわけです。

使命がリンクしていく世界

「ここにあること」というのは、「できること」です。

「できること」は、やってみるのです。

他の人から見たら、無謀に思えるようなことでも、それが、あなたの頭の中に浮かんだとしたら、それは「できること」なのです。

前でも書きましたが、「象」を見たことがない人は、「象」の夢は見られないのです。

実際に見たことがないものでも、想像できることはあります。なんらかのイメージを想像できる、ということは、それなりの情報があるということです。

わからないものは、思い浮かべられないので、「叶える力」のスイッチも入らないままなのです。

「あのアーティスト」が思い浮かんだときに、ポロの会場や、そのときの場面が、まだ経験していないのに、全部はっきりと、自分でわかったのです。

そうなったら、そのことを人に伝えたり、知らせたりすることが、とても大事です。

私が、SNSでアップしなければ、友人からの連絡はなく、食事会もなく、結局は、そのアーティストとつながることもなかったでしょう。

伝えること、知らせることで、知らされた人たちの意識の中にも、その世界が入っていくのです。それが「叶える力」の応援になっていると私は思います。

「自分が動くんだ」と思って、SNSで知らせたら、それをつかんでくれる人が現れたのです。

最初に、「あのアーティストと一緒に行こう」と思いついてから、そのアーティストとつながって約束を取りつけるまで、2ヶ月もかかっていません。

このポロ観戦のことをもう少し詳しくお話しするならば、その席はロイヤルボックスシートでした。つまりイギリスの王族の方たちが座られる席です。

その席に座れるというのは、言うまでもなく、とても名誉なことです。

ロイヤルボックスシートのどこに座るかは、運営サイドによって決められるのですが、もっとも位の高い席は、エリザベス女王のお隣です。そして、その席には、私がお連れした、そのアーティストが通されました。

もともとは、別のVIPが座られることになっていたようですが、おそらく宇宙の計らいで、そういうことになったのです。

それこそ、そのアーティストが強運をもっている証《あかし》です。それだけの役割をもって、生まれてこられたのだと私は思いました。

さらには、その日、ちょっとしたアクシデントが起こって、エリザベス女王とそのアーティストが一緒のシーンがニュースとして報道されました。それによって彼の名前が広く知られることになりました。

その話を友人にしたときに、

「それは恵子さんのおかげじゃない？」

といわれました。たしかに、私がキーパーソンになったということはあるかもしれませんが、それをしたからか、私は私で、映画スターの俳優さんとお隣になって、それこそ楽しい時間を過ごすことができたのです。

「叶える力」には、必ず、たくさんの副産物があります。

自分がよかったということだけでなく、それに関わった人たち、そして直接は関わっていない人たちにも、思いがけない影響が出ることになります。

一つの「叶えたいこと」ができたとき、

「なぜ、これをやりたいのか」

ということは、とても大事です。

ポロのチケットは、慈善活動の一環で私が受けとったギフトでしたが、今後の慈善活動においての種まきになると私は思っていました。

私はこれからの人生で、慈善活動家になっていく自分が見えたのです。それは、世界を変える、世界平和に貢献するという使命にもリンクしていました。

すべての最善を果たす

「慈善活動家になる」

こんなふうに考えるようになったのは、長年の友人である本田健さんを通じて出会ったリン・ツイストさんやジョン・ウッドさんの存在が大きかったと思います。

リン・ツイストさんは、マザー・テレサやダライ・ラマなどと共に活動した世界的な慈善事業家です。

ジョン・ウッドさんは、「子どもの教育が世界を変える」という信念のもと、途上国の子どもたちに本と教育を届ける活動を行っている国際的NGO「ルーム・トゥ・リード」の創設者です。

こうした出会いからグローバルギフトとして、同じステージで生きている自分が見えたのです。

ポロのチケットは、そんな未来の自分が呼び込んだものだと感じて、それでピンと来たのが、そのアーティストだったのです。

私がいまのステージで見える著名人の方だったら、「彼がいい」というメッセージが来たのでした。べつにファンでもなく、名前を知っているだけという存在のその人にとっても、この招待は、次のグローバルなステージへと導くものになると確信していました。

また今後、私が関わっていく慈善活動団体にとっても、彼とのつながりはウィン・ウィンの関係になるでしょう。

もちろん私の個人的な目標のレベルにおいてもウィン・ウィンになる。そうして、ウィン・ウィン・ウィンという、すべてにおいての最善であるものが揃ったときに、それは素早くつながって、大きなことを成していくわけです。

それは必ずしも、大きなことだけではないのかもしれません。

たとえば、いまの年収が360万円だとして、起業したら1000万円を目標にしたいと思う。それは悪いことではありません。

でも、そこから始まるより、そのお金の前に、

「それがあったら、どんな自分がいて、何をするのか」を感じることが大事です。

生きる喜び、生きる目的を見出したうえで起業するのがいいなと、私は思っています。

それが、お金よりも最善のことです。

私は、スピリアルで起業する方々を育成する起業塾を主宰していますが、そこでは、まず「年収はいくら欲しいですか」ということを訊きます。

どんな金額を希望されても、

「それは可能です」

と私は、誰にも答えます。

なぜ、それが可能になるかといえば、

「あなたはなぜ、そうしたいか」

ということを考えるからです。

何をするかの前に、なぜそうしたいか、ということを考えることです。

私においては、人の無限の可能性を開くことをしたいと思っています。無限の可能性を開いたら、戦う必要がなくなると思っているからです。そうなれば、望んだものはすべて叶っていきます。

才能を分かち合っている世界が見えてくるのです。

それが最終目的である、世界平和へとつながっていきます。

その大本にあって、いちばん強いのが、人には無限の可能性があることを分かち合うことだと思うのです。

意識しない世界が実現していく

ビジネスで目標を達成するときに、いちばん邪魔になっているのは、「もしかしたら個人の価値観ではないか」と思ったことが、私の起業のきっかけになったように思います。

実際には、起業を考えるより前でしたが、それを文化レベルで見ていきたいと思って、異文化コミュニケーションの道に進んだのです。

争いはすべて、文化の違いによって起こるといっても過言ではありません。

そのときは、文化の違いに対する気づきが深まっていったら、対立することなく起業の目標を達成するから、起業の可能性が広がる、と考えたのです。

文化の違い、人との違いを脅威《きょうい》だと思って、理解しようともしなければ、分裂するしかありません。

会社の組織というのは、異文化ゆえに目標達成に消耗して、目標に向かえなくなるという経験をしている人たちが、あまりにも多かったのです。

それを解決するには、相互理解が不可欠でした。

相互理解があれば、その目標に向かっていくことも、それほど困難ではないことに気づけるのです。

たとえば、「NO」という表現も、日本人と外国人ではまったく違います。

日本人は、はっきりと「NO」を言わないことで有名です。

「考えておきます」や「後日にあらためます」など、いろいろな「NO」があります。

それが外国人には理解できません。

日本人が「NO」をはっきりと言わないのは、ジャッジすることで、関係性が終わってしまうのを避けるための配慮でしょう。でも、外国人からしたら、その言葉通りに受けとって、「NO」とは気づけないわけです。ここで誤解が生じます。

そこで、コミュニケーションを学ぶ必要がある、と思いました。

お互いが理解し合って、お互いに、最高の目標に向かっていくための学びの場をつくろうと考えたわけです。それが、個人と個人をより結びつけることになって、結果を出していくというときにも、喜びに変えていけたらいいなと思っていたのです。

レベル5の「叶える力」は、世界を変えていきます。

変わるはずがない、と思えるようなことが変わっていくのです。

あなたがそれをすることで、たとえば、地球レベルで変わることがあるかもしれません。

「そんなことはあり得ない」と思われますか？

たしかに、一人の普通の人間がすることで、国家間の問題を解決するようなことは起きないかもしれません。少なくとも、直接的にそれを実感するようなことはないでしょう。

でも、あなたが隣の人とうまくコミュニケーションできるようになると、その人間関係が変わり、そこから多くの人たちを経て、あなたが思いもしなかったような変化をもたらすことがあるのです。

あなたが意識していなかった世界が、知らないうちに存在しています。

レベル5の「叶える力」は、毎日の変化を見ていても気づかないほど小さな変化です。

でも、気づいたときには、大きな変化を遂げています。

使命を果たすときがやってきた

あなたにも、世界を変えることができます。

自分にはそんな力がないと思っていたとしても、「叶える力」が、あなたを助けてくれるでしょう。

「でも……」

そういって、躊躇《ちゅうちょ》してしまう人がいます。

もちろん、無理に世界を変えようとすることはありません。

望んでいないことをする必要はないのです。

けれども、もしも本当は望んでいたとしたら？

本当は、いまの世界を変えたいとしたら？

なぜ、あなたは、あきらめてしまうのでしょうか。
あなたには、「叶える力」があります。
あなたが「できない理由」はないのです。
ただ、あなたがそれを望めば、あなたの可能性の扉を開くことができます。
もう、眠り続けることをやめましょう。
あなたは何のために、この地球に生まれてきたのか？
いまこそ、人類共通の使命を果たすときが来たのです。
それは、目覚めて、次元上昇することです。
もう、眠っているふりはできません。
躊躇することも、抵抗することも、もう必要ありません。
自分を解き放ち、羽ばたいてもいい許可を与えてあげましょう。
あなたには「叶える力」があるのですから。

愛にあふれた存在になる

人が生まれるとき、そこにはたくさんの愛があります。

「叶える力」は、愛をもって、あなたという存在を慈《いつく》しみ、育てたのです。

そこに例外はありません。

人は誰もが、誰かの夢であり、願いです。

愛によって守られた存在は、愛をもって、新たな願いを叶えていきます。

言い方を換えれば、どんな願いも、愛にあふれた人であれば、それを叶えることができるのです。

さあ、いまのあなたは、愛にあふれた存在ですか？

この問いに、「YES」と即答できる人は、案外少ないのです。

厳しい状況にある人は、愛を忘れがちです。

「自分は愛されていない存在だ」と思ってしまうのです。

でも本当は、それは勘違いをしているだけです。

もともと、誰もがたくさんの愛の中で生まれ、育てられたのです。

そして、その愛の記憶は失われることがありません。

たとえ愛する人が、一時、あなたのもとを離れるような境遇になることはあっても、だからといって、愛がなくなるわけではないのです。

あなたは、いまも、たくさんの愛に包まれています。

だからこそ、その命はここにあるのです。

そのことを思い出しましょう。

なぜなら、レベル5の「叶える力」は、愛なくしては、それを発揮できないからです。

レベル5の「叶える力」は世界を変えていきます。

愛にあふれたこの世界を、さらに愛で満たすために、それは叶えられるのです。

まずは自分を愛してください。

レベル5の［叶える力］を願う人ほど、自分のことを後まわしにしてしまいがちです。

愛の大切さを叫びながら、自分自身に愛を注ぐことを忘れてしまっていることがあるのです。でも、それでは［叶える力］が動いていきません。

これまで、努力しているにもかかわらず自分の願いが叶えられない、という人がいたら、もしかしたらそれは、自分への愛が足りていないせいだったかもしれません。

パスワードを入れても、システムが起動しないことがあります。

たった一つ数字が違うだけでも、エラーになってしまいます。

それと同じように、必要なことはすべてやっているはずなのに、うまくいかないのは、何かが間違っているからです。

［叶える力］が、「故障かな」と思ったら、愛のエネルギーを確認してください。

自分だけで何とかしようとしていませんか。

自分だけが無理をすればいいと思っていませんか。

エラーを解消するのは、自分を抱きしめてあげること、かもしれません。

世界を変えるのは、じつに簡単なことだった

「恵子さんってパワフルですね！」
「キラキラしていますね！」
「どうしてそんなに、いつも楽しそうなんでしょう！」
と、よく言われます。

そう見てくださるのはとても嬉しいですが、私は、心から毎日を楽しいと思って過ごしています。それが表に出てしまうのでしょう。

では、どうして、そんなふうに楽しいと思って過ごせるかといえば、じつは自分の目の前の世界を、自分の大好きなことで満たしているからです。

それをするだけで、世界が変わります。

毎日、生きていれば、何かしらの問題は起きてきます。

イライラしたり、メソメソしたりしたくなることは、もちろん私にもないわけではありません。

でも、そういうとき、私は「意識のメガネ」をかけるのです。

「意識のメガネ」は、いろいろなことをジャッジしてくれます。

「あれはダメ！」

「これはイヤ！」

「恐れって最低！」

そんなふうに感じる世界は楽しくありませんよね？

私たちは、知らず識らずのうちに、自分が楽しくないネガティブな現実を創造してしまうことがあるのです。それがクセになっているような人もいます。

そんな世界は、つらいばかりです。

そこで、「意識のメガネ」をかけ替えるのです。

そのメガネは、ネガティブなことも、ハッピーなことを創造するものに変換してくれます。

私たちが存在しているこの世界は、じつは私たちが創り出しているものです。

見方を換えれば、世界は変わるのです。

そうであるなら、

「自分はどうしたいのか」

「どういう世界を望むのか」

ということを自分で決めることです。

たいていの人は、それを自分では決めず、誰かに決めてもらいたいと思っています。

それではハッピーな世界に変えることはできません。

誰かの心に左右されて生きる世界では、「叶える力」は無力です。

自分の意識を変えるだけで、世界は変わっていきます。

「叶える力」は、どこかにあるのではなく、じつは、あなた自身の中にあるということに、もうあなたは気づかれたでしょうか。

おわりに

最後まで「叶える力」を信じて、読み終えていただけましたか？

あなたのいまの「叶える力」の振動数はかなり高くなっていると思います。

この本は、あなたの人生を通して、あなたが夢や使命を全《まっと》うするときに、何度も使っていただけるようにつくられています。

それぞれの「叶える力」のレベルを同時に使ってもいいですし、一点に集中して使っていただいても構いません。

何より大切なのは、あなたが生まれたときから、ずーっと「叶える力」をもっていたことに気づくこと。それを忘れないでくださいね。

この力を封印してきた人生の体験もあったかもしれませんが、その体験さえも、あなたは、じつは知らず識らずのうちに、パワフルな「叶える力」として、自分に使っていたのかもしれません。

そして、いよいよあなたの「叶える力」が、これからどんどんと蘇《よみがえ》ることは間違いありません。

あなたがこの本を引き寄せて、「叶える力」に出会ってくれたのです。

これも間違いなく、あなたの魂は、この「叶える力」を稼働させるとコミットしていたからですね。

これからのあなたの人生は、「叶える力」が無尽蔵にあふれ続けるエネルギーを浴びながら進んでいきます。

そんな中で、あなたが自分軸を大切にしながら、「叶える力」の振動数に触れ続けてみてください。

自分軸は、「あなたがどうしたいか？」をいつも明晰《めいせき》に問いかけ、あなたの魂が応えるのを全身で、振動数を感じて表現してみると育っていきます。

自分軸と「叶える力」が愛と一つになって、あなたの最高の人生を共同創造していくことを祈っています。

スピリアルライフ提唱者
穴口恵子

著者紹介

穴口恵子（あなぐち・けいこ）

スピリアルライフ提唱者、株式会社ダイナビジョン代表取締役。スピリチュアル（目に見えない世界）とリアル（現実）を統合して、日々の生活の中で実践するスピリアルライフを通し、誰もが無限の可能性を開き、人生のバランスをとりながら幸せで豊かに生きることを提唱する。現在、日本でスピリチュアルスクールやショップの経営、セミナー事業等を行うかたわら、聖地として名高いアメリカのシャスタ山でもショップを経営している。特に、スピリアルライフをサポートするセラピストの育成に力を入れており、オリジナルのヒーリングやチャネリングメソッド、瞑想法、認定コースを全国で開催、スピリチュアルな起業家の育成を積極的に行い、これまでに著名なスピリチュアルリーダーなど含む2000名以上のセラピストを輩出している。著書に『穴口恵子の魔法手帳』（きずな出版）、『1日3分瞑想してお金持ちになる方法』（光文社）ほか多数。

オフィシャルブログ
https://ameblo.jp/keikoanaguchi/
オンラインサロン「魔法大学」
https://salon.kizuna-cr.jp/wizard-academy/

叶える力
自分が願った通りの人生を生きる!

2020年4月1日　初版第1刷発行

著　者　穴口恵子

発行者　櫻井秀勲
発行所　きずな出版
東京都新宿区白銀町1-13　〒162-0816
電話 03-3260-0391
振替 00160-2-633551
http://www.kizuna-pub.jp/

編集協力　ウーマンウエーブ
ブックデザイン　福田和雄(FUKUDA DESIGN)
印　刷　モリモト印刷

ISBN978-4-86663-107-3

きずな出版